水悦读
阅名著

（中级上册）

江

巩向良 / 主编

中国海洋大学出版社
·青岛·

编委会

主 编：巩向良

编 委：刘玉璠　郑卫璐　张佘伊凡

　　　　周丽慧　郝亚筱　于慧敏

　　　　臧小萌　胡艳艳　潘志燕

编写说明

本书所选篇目，均为古今中外经典，突出文学性的同时，涉及哲学、艺术、科技诸多方面。

"四阶五维七步"是本书的核心教学法。

四阶

本着"把厚书读薄，再把薄书读厚"的原则，我们设计了"整体悦读、专题速读、定向精读、体悟展读"四个阶段，循序渐进地引导小读者进行整本书的浸润式阶梯阅读。

五维

古今中外的经典名著，历经时间的浸润与淘洗，承载着人类优秀的品质与智慧——纯净、友善、包容、进取……教学中，我们借助经典阅读，从"听、说、读、写、思"五个维度，全方位地培养广大小读者的综合素养。

七步

第一步，诵读。 一年级，诵读"情景识字"文段，目的是让小读者尽快扔掉拼音的"拐杖"，开始纯文字阅读；二年级开始，诵读民国老课本中的经典文段以及中外精美的现代诗文，目的是让小读者充分感受汉语之美，畅享读书之乐。

第二步，速读。 学会一目十行地读、连滚带爬地看、走马观花地翻，学会如何整体感知文本，这是在茫茫书海中尽情遨游的基础。

第三步，研读。 阅读是一种自主性很强的学习活动，遇到喜欢的章节，要学会停下脚步慢慢欣赏、细细研究，惟其如此，方能真切感受到读书的乐趣。

第四步，品读。读经典，就是和高尚的人进行对话、交流。只有静心品味，才能和古今圣贤（作者）达成心灵的沟通、情感的共鸣、认知的协同，才能充分吸收人类文明的智慧和能量。

第五步，创读。阅读不仅仅是为了增长知识，更重要的是学以致用、推陈出新。活学活用是阅读的最高境界。

第六步，鉴读。通过归纳总结促进阅读，提升读书质量，提高鉴别能力；揽镜自照，查漏补缺，更能充分地认识自我。

第七步，自读。安排自主阅读，一方面切实保障了整本书的真阅读、实阅读、全阅读；另一方面，加强了阅读的互动，从而最终实现经典明智、文化塑身的完整教育。

水悦名著　畅达幸福

上善若水。"水悦读"以"为儿童全生活着想"为理念，结合线上、线下阅读活动，陪伴你们开展浸润式完整阅读——掬经典之水，净化身心；引经典之水，涵养心智；借经典之水，扬帆远航。

细雨湿衣看不见，闲花落地听无声。在"水悦读"陪伴的书香岁月里，你们将深深体味到文字的甘甜、情感的柔软、智慧的芬芳。白天读过的儿童故事、漫游的童话城堡，会让纯真的你们在夜晚的梦中笑出声；渐渐懂事的你们，会慢慢明白寓言故事中的话中话、弦外音，会真切感受到古今中外神话故事的奇幻与宏大，会把思维的触角伸向神秘的自然科学世界；渐渐长大的你们，浏览过民间故事的奇人奇事，知晓了中国古典小说的博大精深，翻阅完一本又一本真切感人的成长小说，最后迷上了文学……阅读的旅程如泉如溪，如河如湖，如江如海，妙不可言！

在你们心中种下读书的种子，是"水悦读"的使命；做你们整本书阅读的陪伴者、引导者，是"水悦读"的责任；让你们拥有书香生活、幸福人生，是"水悦读"的梦想。

引领你们读好书、好读书，不仅是要培养听、说、读、写、思的能力，更重要的是助力你们成为阳光、知性、自信的中华好人。

亲爱的孩子们，你们最终会明白，阅读是一种学习方式，是一种学习习惯，更是一种高品质的生活方式。

"水悦读　阅名著"编委会
2021 年 6 月 1 日

目录 MULU

《爷爷一定有办法》阅读规划

1 《爷爷一定有办法》整体悦读 …………… 002

2 《爷爷一定有办法》专题速读 …………… 008

《绿野仙踪》阅读规划

1 《绿野仙踪》整体悦读 …………… 014

2 《绿野仙踪》专题速读 …………… 019

3 《绿野仙踪》定向精读 …………… 024

《安徒生童话》阅读规划

1 《安徒生童话》整体悦读 …………… 030

2 《安徒生童话》专题速读 …………… 035

3 《安徒生童话》定向精读 …………… 041

《稻草人》阅读规划

1 《稻草人》整体悦读 …………… 048

2 《稻草人》专题速读 …………… 054

3 《稻草人》定向精读 …………… 061

《格林童话》阅读规划

1 《格林童话》整体悦读 …………… 068

2 《格林童话》专题速读 …………… 075

《皮皮鲁传》阅读规划

1 《皮皮鲁传》整体悦读 …………… 082

2 《皮皮鲁传》专题速读 …………… 088

3 《皮皮鲁传》定向精读 …………… 093

1 《爷爷一定有办法》整体悦读

● **学习重点**

通过朗读和欣赏画面，充分感受绘本精美的图画和富有节奏感的文字。

● **以文育人**

感受爷爷和约瑟之间浓浓的亲情。

2 《爷爷一定有办法》专题速读

● **学习重点**

展开丰富的想象，将画面内容用具体的语言清楚地表达出来。

● **以文育人**

在感受爷爷聪明才智的基础上，学会节约。

1 《爷爷一定有办法》整体悦读

朗读

不误时

清晨,兄整理书包,将往学校。弟曰:"时尚早,盍(何)稍留乎?"兄曰:"修业当有定时。若迟迟不行,必误上课时刻。"弟曰:"善。"乃与兄偕行。

——《共和国教科书新国文(初小)》(天津古籍出版社2013年版)

 速读

1. 仔细观察封面,请说一说封面上都画了谁,他们在干什么。

2. 请仔细观察封面上人物的表情和动作,你有什么发现?

3. 请根据"爷爷一定有办法"这个题目,猜猜书中会讲些什么。

4. 这本书的作者是谁?

5. 欣赏腰封,说说上面画的是什么。

书海泛舟 研读

1. 研读第 3 页,面对妈妈丢掉毯子的建议,约瑟同意吗?仔细看图,他做了什么?表情是怎样的呢?

2. 研读第 4 页,爷爷拿着旧毯子看来看去,你认为他在想什么?

3. 研读第5页，爷爷最后把旧毯子改做成了什么？猜猜看。

4. 研读第7页，听了妈妈的话，认真看图上的约瑟，他在想些什么？

5. 研读第9页，爷爷把旧外套做成了什么？把图上的信息综合起来，你读懂了什么？

6. 研读第11页，联想到约瑟对爷爷的敬重和依赖，你能领悟到什么？

7. 研读第13页，爷爷把这件旧背心改成了什么？再猜猜看。

8. 研读第15页，当妈妈让约瑟丢掉领带时，约瑟是什么反应？

9. 研读第17页，开动脑筋想一想：这次爷爷能把旧领带做成什么？请结合生活日用品来猜想。

10. 研读第19页，观察图上的约瑟，你又读懂了什么？

品读

1. 同学们，故事读完了，你喜欢这个故事吗？听了这个故事，大家一定有很

多的想法要说，一起交流一下吧！

2. 水悦读、阅绘本的四字秘诀：_____

3. 更重要的阅读方法是：_____

4. 品读第 27 页，约瑟在写故事的时候，老师和同学们围在他的身旁，仔细观察老师和同学们的表情，猜一猜他们在想什么。

5. 品读第 12 页，妈妈抱着小妹妹，小妹妹什么时候出生的？说说你从哪儿找到的答案。

默读《游子吟》。

游子吟

（唐·孟郊）

慈母手中线，游子身上衣。
临行密密缝，意恐迟迟归。
谁言寸草心，报得三春晖。

这首诗表达了作者对母爱的回忆和对母亲的深切怀念。细细回想你的成长经历，你感受过长辈们的爱吗？这些爱藏在哪儿？把你的发现写成小故事读给长辈们听，就是对他们最好的回报。

他人之长：

我的收获：

第一天：
为什么约瑟舍不得丢掉那些老旧的毯子、外套、背心、手帕？
第二天：
请摘抄绘本中妈妈说的话语，想一想：妈妈是怎样慢慢发生变化的？
第三天：
一边看图，一边读绘本，让家长协助录制视频，看看谁能获得"水悦读朗读者"

的称号。

第四天：

上下对比看图，想一想，大图和小图之间有关联吗？它们是如何联系在一起的？

第五天：

绘本下面的小图讲了一个什么故事？

2 《爷爷一定有办法》专题速读

🔊 书声朗朗 朗读

需要什么

［意大利］贾尼·罗大里

做一张桌子，需要木头；

木头从哪里来？需要大树；

大树从哪里来？需要种子；

种子从哪里来？需要果实；

果实从哪里来？需要花朵；

做一张桌子，需要花一朵。

——《日有所诵 小学三年级》（广西师范大学出版社2017年版）

《爷爷一定有办法》阅读规划

1. 爷爷把一块普普通通的布料都做成了什么？这些物品有一个共同的名字，是什么？

2. 约瑟为什么舍不得丢掉那些老旧的衣物？

3. 爷爷是做什么的？你怎样评价老人家？

4. 妈妈怎么发生变化的？是谁感动了妈妈，改变了妈妈？

一本书，两个故事，两个世界

1. 研读第1页小图，约瑟家下面空间里都有什么？老鼠夫妇会住在这里吗？

2. 研读第4页小图，老鼠家的床上多了什么？鼠妈妈在干什么？鼠爸爸呢？

3. 研读第7页小图，图上都有谁？他们在干什么？

4. 研读第8页小图,鼠妈妈在忙什么?鼠爸爸呢?

5. 研读第10页小图,猜猜看,教室外面的两只小老鼠在干什么?看看谁的想法最奇特。

6. 研读第11页小图,请具体说说六只老鼠分别在做什么。

7. 研读第12页小图,猜一猜鼠爸爸发现了什么。

8. 研读第14页小图,老鼠的家成了一个蓝色的世界了,你认同吗?为什么?

9. 研读第16页小图,鼠爸爸、鼠妈妈分别在干什么?

10. 研读第18页小图,鼠妈妈为什么吃惊?其他老鼠分别在做什么?

11. 研读第20页小图,客厅和储藏室多了什么?你是如何发现的?

12. 研读第23页小图,是什么溅起了巨大的水花?它究竟是什么?猜猜看。

13. 纽扣怎么到老鼠家的?鼠爸爸又是怎样利用它的?

《爷爷一定有办法》阅读规划

 品读

一块蓝色布料,改变了约瑟的一家,也改变了小老鼠的一家。请按照故事发展的先后顺序,给同学讲一讲小老鼠一家的故事。

 创读(15分钟)

联系生活谈节约

约瑟的毯子本来已经很旧了,可以扔了,可是爷爷觉得扔了很浪费,还可以利用它做好多东西。因此,经过爷爷的巧手,它又变成了神奇的外套、背心、领带、手帕和纽扣。你从爷爷身上学会了什么?写写看,不少于50字。

 鉴读

他人之长:

我的收获：

_____

_____

第一天：

如果你喜欢这本书，那你最喜欢这本书中的谁？为什么？

第二天：

你的爷爷、外公还有家里的其他人也一定很爱你，希望你也能像小约瑟那样，懂得珍惜他们的爱，同时学会爱家里的每一个人。请选择一个合适的方式，大胆表达你对他们的感激之情吧。

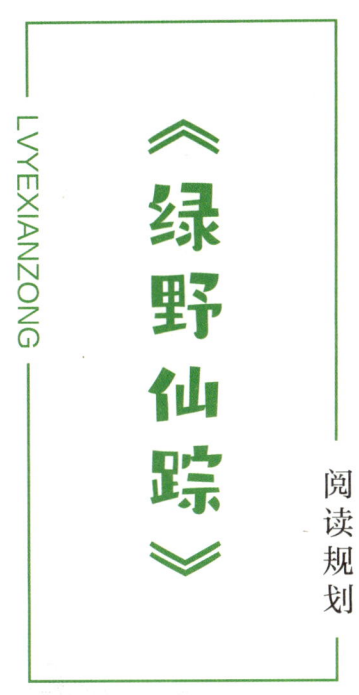

1 《绿野仙踪》整体悦读

● **学习重点**

了解"预测阅读"的基本方法,并尝试一边读,一边预测。

● **以文育人**

每个人都有自己的愿望,只要坚持努力,就一定会实现。

2 《绿野仙踪》专题速读

● **学习重点**

把自己代入故事,感受童话中的丰富想象。

● **以文育人**

所有的美好都不是别人给的,都需要通过自身努力来获得。

3 《绿野仙踪》定向精读

● **学习重点**

感受人物的性格特点和品质,读懂童话的寓意。

● **以文育人**

学会珍惜友谊。

1 《绿野仙踪》整体悦读

🔊 书声朗朗 朗读

蝴蝶

园花盛开。花上有蝴蝶,六足,四翅,色甚美。妹举扇将扑之。姊(姐)曰:"蝴蝶之翅有粉,能伤目,不可扑也。"妹从之。

——《共和国教科书新国文(初小)》(天津古籍出版社2013年版)

1. 认真阅读封面，说说上面都有谁。

2.《绿野仙踪》这本童话故事书的作者是谁？他是哪国作家？获得过哪些荣誉？

3. 认真想一想：封面上的它们是在哪里相遇的？当时可能发生了什么事情？

4. 浏览六幅插画，请根据插画的内容，大胆设想，将会发生什么有趣的故事呢？

5. 请翻开目录对比一下，与你设想的一样吗？你想对自己说点什么？

默读下段文字，你的脑海中印象最清晰的是什么？

多么迷人的风景啊！到处都是嫩嫩的绿草，草丛中开满了姹紫嫣红的花，把草地装点得就像绣了花的绿绒毯。草地上还有许多蝴蝶，它们穿着五颜六色的彩装，或上下飞舞，或在草间歇息。

 品读

1. 阅读课文前两章，了解故事梗概。

（1）多萝茜被龙卷风吹到了哪里？

（2）这个地方与多萝茜曾经住的地方有什么不同？

（3）人们为什么憎恶东方魔女而爱戴北方魔女呢？

（4）北方魔女为什么让多萝茜到翡翠城去？

（5）到了翡翠城又会有哪些奇妙的事情发生呢？

2. 积累并分享优美的词句。
请你把最喜欢的词句写到下面的横线处。

 创读

思维连滚翻，故事精彩不断！请同学们把你预测到的多萝茜去翡翠城发生的奇妙趣事写出来吧！

书韵悠长 鉴读

他人之长：

我的收获：

开卷有益 自读

第一天：

请大声朗读搭救稻草人的相关章节，录制一个小视频上传。期待你的精彩表现！

第二天：

请快速阅读巧遇铁皮樵夫的相关章节，想一想铁皮樵夫为什么和多萝茜一起出发探险？记得上传答案！

第三天：

请将胆小狮与多萝茜、稻草人和铁皮樵夫之间发生的故事，用自己的语言讲给爸爸或者妈妈听。别忘了录制小视频，会有小惊喜哦！

第四天：

一边阅读，一边画出你喜欢的句子。想一想，它们有没有可能被借鉴到你的写作中呢？别忘了选择三句喜欢的句子上传哦！

第五天：

认真想一想，胆小狮胆小吗？为什么？和爸爸妈妈讨论一下吧！

2 《绿野仙踪》专题速读

朗读

我学写字

［比利时］卡列姆

当我学着写"小绵羊"，
一下子，树呀，房子呀，栅栏呀，
凡是我眼睛看到的一切，
就都弯卷起来，像羊毛一样。

当我拿笔把"河流"
写上我的小练习本，
我的眼前就溅起一片水花，
还从水底升起一座宫殿。

当我的笔写好了"草地"，
我就看见在花间忙碌的蜜蜂，

两只蝴蝶旋舞着，

我挥手就能把它们全兜进网中。

要是我写上"我的爸爸"，

我立刻就想唱唱歌儿蹦几下，

我个儿最高，身体最棒，

什么事我全能干得顶呱呱。

——《日有所诵 小学三年级》（广西师范大学出版社2017年版）

1. 回忆梗概，梳理环节。

《绿野仙踪》中的主要人物都有谁？讲了一个什么故事？

2. 将自己代入故事，大胆预测。

认真阅读下面三个片段，将自己代入故事，分别说一说它们与多萝茜可能会发生哪些故事。

片段一：

"我不在乎有没有手和脚，就算没有身体都没有关系，因为它们都是用稻草塞满的，我不会受伤。就算有人踢我、打我也不要紧，不会觉得痛。但是我不愿意别人管我叫笨蛋，我是个没有脑子的人。如果我的脑袋里装的是脑子，而不是稻草，我就会像你一样知道好多事情了。"稻草人酸楚地说。

片段二：

"我要心，"铁皮人说，"心能使人快乐，快乐才是世界上最重要的事情。"

片段三：

"你不应该这样，百兽之王不应该是一个胆小鬼。"稻草人说。

"这我知道，"狮子伤心地说，一边用尾巴尖擦去眼睛里的一滴泪水，"这是我最大的烦恼，使我活得非常不快乐。每当我遇到危险，我的心就怦怦地跳得很快。"

"那么，你们愿意让我和你们一块儿去吗？"狮子说，"我实在忍受不了自己是个胆小鬼。"

认真阅读下面三段文字，你认为哪一段最美？为什么？

1. "芒奇金人的房子都是样式古怪的建筑物，每一幢都是圆的，盖着一个大大的圆屋顶，完全漆成蓝色，因为在这东方的国度里，蓝色是大家喜爱的色彩。"

2. "我相信你有很大的胆量，"奥兹回答说，"你所需要的在于你自己信任自己。当有危险的时候，没有一种生物是不害怕的，真正的胆量，是当你害怕的时候，敢于面对危险，那种胆量你并不缺少。"

3. 不远处有一条小溪，在绿色的河岸间奔淌、闪烁，发出喃喃私语，对一个长期生活在干燥、灰色草原上的小女孩来说，这声音是那样的令人愉快。

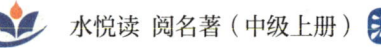

1. 回忆章节，深入思考。

你最喜欢哪一个章节的故事？为什么？

2. 说一说喜欢的人物，强化思考。

你最喜欢这本书中的哪个人物？为什么？

思维连滚翻，精彩写不停！找出你最喜欢的章节，制作成思维导图。

他人之长:

我的收获:

第一天:
请大声朗读"飞猴的故事",别忘了上传阅读照片哦!

第二天:
请问"奥兹的戏法"指的是什么?和爸爸或妈妈一起讨论一下吧!别忘记上传答案哦!

第三天:
你最喜欢哪个故事?为什么?你从中学到了什么道理?请录制一个小视频上传,老师会评比并发奖励哦!

第四天:
请你把喜欢的句子和段落画出来吧!别忘了选择最喜欢的两段话拍成照片上传哦!

第五天:
请你想一想,如果在学习或生活中遇到了困难,你应该以怎样的态度去面对,如何去解决?

3 《绿野仙踪》定向精读

朗读

勿贪多

瓶中有果。儿伸手入瓶，取之满握。拳不能出。手痛心急大哭。母曰："汝勿贪多，则拳可出矣。"

——《共和国教科书新国文（初小）》（天津古籍出版社2013年版）

速读

1. 走近人物，交流感想。

（1）回忆故事，认真思考，你从多萝茜的身上学到了什么？

（2）回忆故事，认真思考，你从稻草人的身上学到了什么？

（3）回忆故事，认真思考，你从铁皮人的身上学到了什么？

（4）回忆故事，认真思考，你从胆小狮的身上学到了什么？

2. 分享片段，说感受。

整本书中让你最感动或者印象最深刻的情节是什么？

认真阅读下面三段文字，你觉得哪段话最美？为什么？

1. 听见鲫鱼这样恳切的哀求，稻草人非常心酸；但是它只能用力摇动自己的头。

2. 当艾姆婶婶初到这里来的时候，是一个年轻的美丽的妻子。太阳和风也把她的样儿改变了。它们从她的眼睛里，拿走了光辉，留下了一种沉重的灰色；从她的面颊上和嘴唇上，拿走了红润，也只剩灰色了。如今她消瘦而且憔悴，不再微笑。

3. 她穿着一件白色外衣，许多褶边从双肩上挂下来，衣服上点缀着许多小星星，像钻石似的在阳光里闪烁。

 品读

1. 对话人物,升华主题。
你想对多萝茜、稻草人、铁皮人和胆小狮说哪些心里话呢?

_____

_____

2. 对话作者,润泽心灵。
你觉得这本书写得好吗?你想对作者说点什么?

_____

_____

3. 对话品质,心灵烙印。
请你把从书中学到的品质和道理,写到下面的横线处吧!

_____

_____

 创读

　　思维连滚翻,创意写不停!请仔细阅读下面这段话,大胆想象,将你预测到的接下来可能发生的故事写下来吧!
　　多萝茜回到了堪萨斯草原,和亨利叔叔、艾姆婶婶一起快乐地生活。稻草人最后成了奥兹国的领导人。铁皮人被送回了威奇国担任国王,也不再那么爱哭了。胆小狮也成了森林之王。多萝茜很想念其他小伙伴,小伙伴们也分别想念着彼此。

_____

_____

_____

 鉴读

他人之长：

我的收获：

 自读

第一天：

请选择你最喜欢的一个人物，把她/他的经历画成思维导图吧！别忘记拍照片上传，会有神秘奖励哦！

第二天：

你从这篇童话故事中学到了哪些道理？讲给爸爸或妈妈听。听一听爸爸或妈妈是怎么说的！

《安徒生童话》阅读规划

ANTUSHENGTONGHUA

1 **《安徒生童话》整体悦读**

● 学习重点

顺着故事情节去猜想,了解童话故事的内容。

● 以文育人

初步感受童话世界的真善美。

2 **《安徒生童话》专题速读**

● 学习重点

大胆想象,把自己代入故事,试着读活人物。

● 以文育人

学会珍惜幸福。

3 **《安徒生童话》定向精读**

● 学习重点

品析词句,读活人物,读懂道理。

● 以文育人

领悟爱的真谛。

1 《安徒生童话》整体悦读

朗读

方向

清晨，祖携孙出门。祖曰："尔知方向乎？日出于东，没于西。今尔向日而行，是为东方。背后为西。右手为南。左手为北。故视日之出没，可以辨四方也。"

——《共和国教科书新国文（初小）》（天津古籍出版社2013年版）

速读

1. 《安徒生童话》的作者是_____（国家）的_____，他一生写了_____篇童话和故事，被世人称为_____。

2. 仔细观察六幅插画，任选一幅写下你的奇思妙想。

3. 快速浏览目录，选出你最想读的三个故事。

① _____　② _____　③ _____

在童话世界中，不起眼的地方也许会埋有宝藏。请你任选一个故事"山洞"进行探索，并试着借助小标题推测故事情节。

你选择的故事"山洞"是_____。

我猜它讲的故事是：_____

请为你在本次探险中的表现打分 ☆☆☆☆☆

（评分标准：1.大胆猜测　2.积极分享　3.语句通顺，字迹工整）

 品读

1. 速读大比拼。

任务（1）：速读，了解故事情节。

我读完了_____个故事。

任务（2）：找到景物描写，与同学分享。

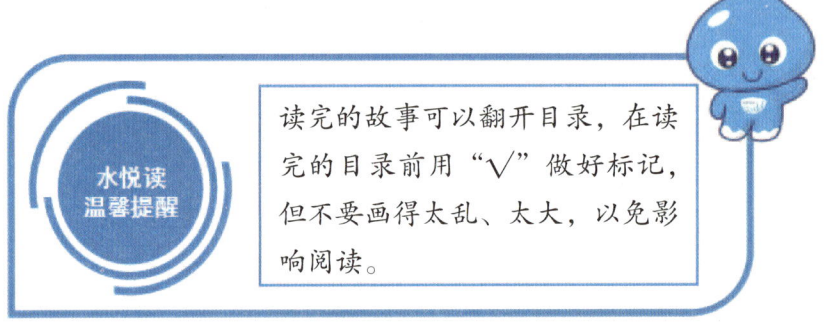

读完的故事可以翻开目录，在读完的目录前用"√"做好标记，但不要画得太乱、太大，以免影响阅读。

2. 积累并分享优美的语句，说一说这样写的好处。

我的积累：_____

_____

这样写的好处是：_____

_____

 创读

思维连滚翻，故事精彩不断！刚才我们已经领略了童话中的景物之美，不管

是现实还是童话，景物描写都可以让故事发生的情境更加生动真实。生活中一定也有让你念念不忘的景物，将你曾经感受到的景物之美描写出来吧。（100字左右）

他人之长：

我的收获：

第一天：

速读回顾《丑小鸭》《野天鹅》《海的女儿》，找出文中精彩的景物描写，积累下来并与同学分享。（记得拍照上传哦！）

第二天：

通读《老路灯》，用自己的话说一说老路灯做了一个什么梦？（记得上传你的音频！）

第三天：

通读《柳树下的梦》，分享描写景物的句子。（记得上传音频！）

第四天：

品读《荞麦》《皇帝的新装》，写一写你得到的启示。（记得上传你的答案哦！）

第五天：

精读《小意达的花》，找出描写花儿舞会的句子，画一画你想象中的画面。（记得上传你的画作哦！）

❷《安徒生童话》专题速读

🔊 书声朗朗 朗读

林中月夜

金波

溶溶的月光
像银亮的春水
洒在每一片绿叶上
闪着耀眼的光辉

叶子一动不动
做着恬静的梦
梦见月光化作露珠
一样的晶莹
一样的玲珑
在晨风里摇落
一滴滴

叮咚

叮

咚

——《日有所诵 小学三年级》（广西师范大学出版社2017年版）

1. 写一写制作思维导图的口诀。

2. 如果要将《安徒生童话》中的小故事分别放在不同的篮子中，你会怎样划分故事篮呢？写一写你的划分方案吧。（至少两种）

方案一：

方案二：

紧急案件出现了！

1. 请根据《拇指姑娘》前四个自然段，猜一猜今日案件的主角名字的由来。你是根据哪个线索猜到的呢？

2.某天，在家中睡觉的她却突然失踪了。请通过这段谈话内容来猜一猜，是谁把她带走了？为什么要带走她？

别那么大声，不然把她吵醒了。她轻得像一片天鹅的羽毛。为了防止她逃走，我们得把她放在小溪里睡莲的一片宽叶子上。她这么娇小，那片叶子对她来说可以算作一个岛了。那样她就没办法逃走了。我们得把泥巴底下的那间好房子修理好——你们俩以后就可以在那儿住下来了。

原来是_____带走了她，因为_____。

3.阅读下面的文段，根据线索，猜猜谁能帮助这个可怜人？说一说你的理由。

这个可怜的小不点儿大清早就醒来了。当她看见自己所身处的地方时，不禁伤心地哭起来，因为这片宽大的绿叶子周围全是水，她没有办法回到陆地上去。

我猜_____可以帮助她，因为_____。

4.根据线索，你觉得她会同意嫁给鼹鼠吗？她会怎样做呢？请大胆猜测，并说明你的理由。

请为你在本次案件侦查中的表现打分 ☆☆☆☆☆

（评分标准：1.大胆猜测，积极分享　2.观察细致，判断基本准确　3.语句通顺，字迹工整）

 品读

1.补全思维导图。

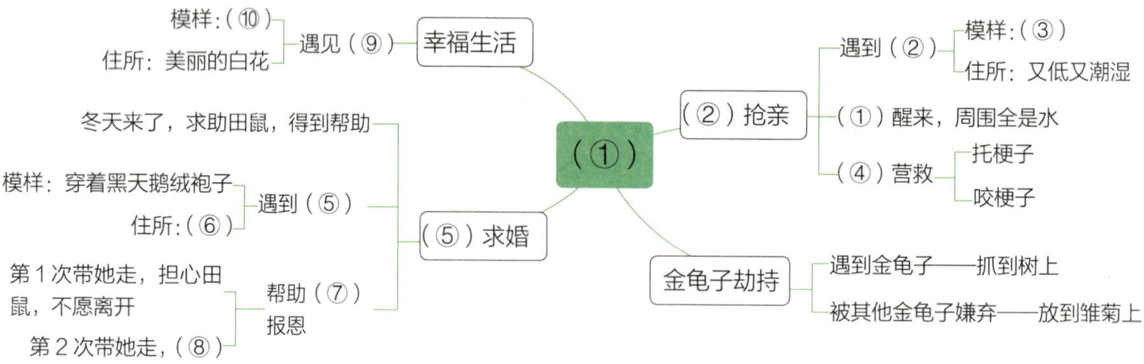

```
                                                                  ┌ 模样:(③)
                                                    ┌ 遇到(②) ┤
  模样:(⑩)                                          │          └ 住所: 又低又潮湿
            ┐ 遇见(⑨)─幸福生活                      │
  住所: 美丽的白花                                   │          ┌(①)醒来,周围全是水
                                          ┌(②)抢亲 ┤
  冬天来了,求助田鼠,得到帮助                │          │          ┌ 托梗子
                                          │          └(④)营救 ┤
模样:穿着黑天鹅绒袍子                      │                     └ 咬梗子
            ┐ 遇到(⑤)─(①)
  住所:(⑥)                                │          ┌ 遇到金龟子──抓到树上
                                          └金龟子劫持┤
 第1次带她走,担心田                                    └ 被其他金龟子嫌弃──放到雏菊上
  鼠,不愿离开     ┐ 帮助(⑦)─(⑤)求婚
                    报恩
 第2次带她走,(⑧)
```

① _____ ② _____ ③ _____

④ _____ ⑤ _____ ⑥ _____

⑦ _____ ⑧ _____ ⑨ _____

⑩ _____

2. 故事主角的性格特点是_____。

故事中还有很多帮助过她的小动物,我最喜欢_____,因为_____

_____

思维连滚翻,故事精彩不断!经过本节课的学习,相信你对思维导图有了一定的了解,接下来请试着运用思维导图,画出《丑小鸭》的故事吧。

他人之长：

我的收获：

我们学习了利用思维导图梳理故事的方法，在平时阅读时也要注意寻找关键词的方法。

第一天：

速读《拇指姑娘》《豌豆上的公主》，积累好词佳句。（记得拍照上传哦！）

第二天：

阅读《她是一个废物》《顽皮孩子丘比特》，挑选一处运用了人物描写方法的文段，说一说这样写的好处。（记得上传你的音频哦！）

第三天：

阅读《夜莺》，两只夜莺你更喜欢哪一只呢？说说你的理由。（记得上传你的答案哦！）

第四天：

阅读《卖火柴的小女孩》,写一写小女孩点燃了几次火柴？她分别看见了什么？阅读《打火匣》,写下一个你希望打火匣帮你实现的愿望。(记得上传你的答案哦！)

第五天：

在《安徒生童话》中任选一篇阅读过的故事,用思维导图的形式将故事展示给大家吧。(记得上传你的作品哦！)

3 《安徒生童话》定向精读

 朗读

人影

明月在天。儿行廊下,若有人蹑其后。大惧,奔告其姊(姐)。姊(姐)曰:"此汝身之影也,汝立灯前,行日下,皆有影,岂忘之耶?"儿乃悟。

——《共和国教科书新国文(初小)》(天津古籍出版社2013年版)

 速读

1. 请连线,将下列人物送回故事中。

《海的女儿》　　《拇指姑娘》　　《皇帝的新装》　　《野天鹅》

2. 请将下列故事的序号填在相应位置。

①拇指姑娘　②恋人　③笨汉汉斯　④海的女儿

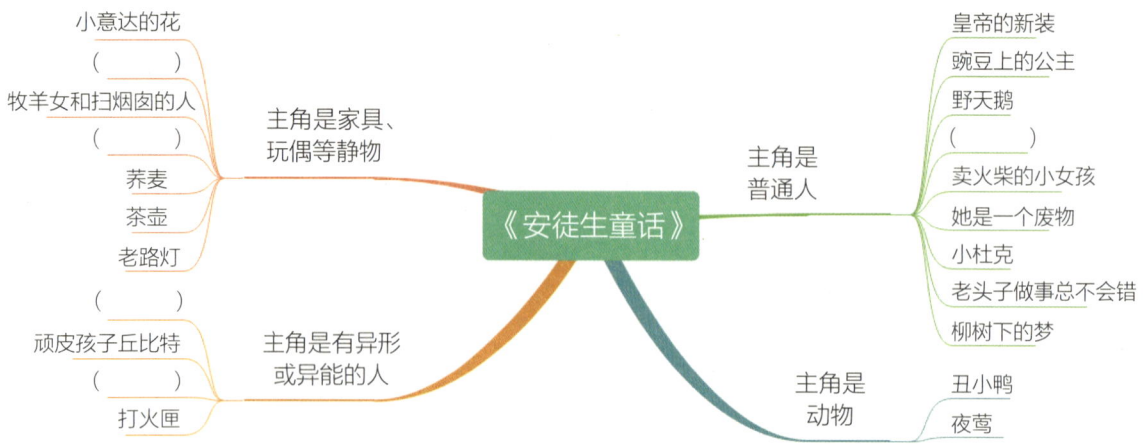

 研读

游戏时间到，请做好变身准备！

1. 了解身份：我是_____。

2. 此时家里只有你和小妹妹古斯塔乌，明天到来之前你还要记好丹麦东部群岛内一切城市的名字以及一些事情，你决定（　　）。

A. 认真温习地理知识

B. 照顾年幼的妹妹

C. 一边照顾妹妹，一边温习功课

3. 恭喜你解锁了新角色，妈妈想让你去帮助洗衣的老奶奶从井里取水，你会（　　）。

A. 立刻跑过去帮忙

B. 果断拒绝

4. 现在你获得了一次梦中环游丹麦的机会：

第一站：_____跑出来介绍了_____。

第二站：_____落下来介绍了_____。

《安徒生童话》阅读规划

第三站：_____骑着马介绍了_____，
_____代表_____向你致敬。

第四站：你还看到了丹麦所有的国王和皇后走向古教堂，风琴奏起、泉水潺潺的热闹景象。

5. 这可真是一段神奇的经历。通过本次变身经历，你有什么收获呢？

_____

_____

请为你在本次游戏中的表现打分 ☆☆☆☆☆
（评分标准：1. 积极分享 2. 有所收获 3. 语句通顺，字迹工整）

品味书香 品读

1. 如果你有一匹马，你会把它交换成什么？请说一说你的想法。

_____

_____

2. 老头子一共做了几次交换？分别交换成了什么？请在找到答案后，读一读老头子在交换时的想法吧。

_____

_____

3. 当你看见老头子用马交换来的这一袋烂苹果，你会选择结局（　　）。

A. 老太婆果然非常生气，她把这些烂苹果都砸在老头子身上。有钱的商人嘲笑老头子。

B. 老太婆虽然有些生气，但是能有什么办法呢，她把那堆烂苹果倒在了院子里，没想到几年后院子里长出了一大片苹果树，而且个个能结出果实，靠着卖苹果，他们再也不用为生活发愁了。

　　C.老头子回家后，老太婆不但没责备他，还给了老头子一个响亮而热烈的吻："这有什么，我相信你做事总不会错！"这一下商人们惊呆了，他们愿赌服输，给了夫妻俩金子。

　　4.锡兵不小心掉到大街上，开始了一段危险的旅程。在这段旅程中他经历了哪些艰险？

　　1.思维连滚翻，故事精彩不断！刚才我们朗读的这些故事中，哪一篇让你印象深刻？说说你的理由。

　　2.如果施展魔法，将你喜欢的角色带到我们生活中，或是将自己变身成这个角色，又会发生什么趣事呢？赶紧来写一写吧。（100字左右）

他人之长：

我的收获：

相信你在阅读后一定意犹未尽，请在课下继续搜索相关的影视作品、读后感、插画等内容，继续感受童话世界的魅力吧。

1. 整理本书中的好词佳句。（记得拍照上传哦！）

2. 录制一段推荐视频，说一说这本书值得阅读的理由。（记得上传你的视频哦！）

1 《稻草人》整体悦读

● **学习重点**

借助"四看"法,整体感知童话集的大概内容。

● **以文育人**

了解旧社会的苦难,热爱现在的幸福生活。

2 《稻草人》专题速读

● **学习重点**

把自己代入故事,感受童话丰富的想象。

● **以文育人**

唤醒同情之心。

3 《稻草人》定向精读

● **学习重点**

初步体会拟人、象征等修辞手法的作用。

● **以文育人**

联系生活实际,感知童话蕴含的道理。

1 《稻草人》整体悦读

🔊 书声朗朗 朗读

捞月网

[美国] 谢尔·希尔弗斯坦

我自己做了张捞月网,
准备今晚捉月亮。
我边跑边把它舞过头,
要抓那个大光球。
如果你明晚没看到,
圆圆的月亮在天上,
那一定是我捉到了它,
把它装进我的捞月网。
如果月亮还在放光明,
你瞧瞧月亮下面会看清,
我正在天空把秋千荡。

一颗星星进了我的捞月网。

——《日有所诵 小学三年级》（广西师范大学出版社 2017 年版）

 速读

1. 仔细观察封面，你从封面中获得了哪些信息？

2. 关于本书的作者，你了解多少？

3. 快速浏览故事简介，说一说你都从中了解到了什么。

4. 认真阅读目录，你对哪个故事最感兴趣？能提出什么问题或猜一猜故事的主要内容吗？

5. 阅读"尽职的稻草人"片段，回答下列问题。
（1）什么情况下稻草人替他的主人高兴？

（2）什么情况下稻草人禁不住低头哭了？

（3）大胆猜想，接下来还会发生什么事？

默读第一个故事《稻草人》，思考并回答下列问题。

1.想一想并写一写，稻草人在这一夜见到了哪些事情？

2.找一找文中稻草人的心理活动描写共有几次，分别表现了稻草人怎样的心情？

3.找一找文中直接描写老太太的地方共有几处，是从哪几个方面进行描写的？分别表现了老太太怎样的心情？想一想并写一写这样写的好处是什么。

4.结合视频和作品，你觉得《稻草人》表现了作者什么样的思想感情？

 品读

　　他听了不再作声，心里可不大高兴，他觉得自己已经很胖很结实了，一定是母亲不放他走，什么身体不够强壮，不过是推脱的话罢了。他决定不告诉母亲，自个儿偷偷地飞开去，可是飞到了外边会不会遇上什么困难呢？独自旅行能不能找到同伴呢？一想到这些都叫他担心害怕。

　　上面是一段对梧桐子的心理描写。快速浏览全书，再找出三处心理描写的文字，从中选择最能打动你的描写片段。想一想并写一写哪些描写打动了你。

1. _____

打动你的地方：_____

2. _____

打动你的地方：_____

3. _____

打动你的地方：_____

想象一下，如果你编创的童话故事在校报上发表了，你的心情是怎样的？你会说些什么、做些什么呢？试着把设想的情景完整、清楚地记录下来吧。

他人之长：

我的收获：

第一天：

速读《稻草人》《小白船》《牧羊儿》，积累好词佳句。（记得拍照上传哦！）

《稻草人》阅读规划

第二天：

通读《地球》《快乐的人》，说一说你喜欢地球上的哪一类人？快乐的人为什么看不到真相呢？（记得上传你的音频哦！）

第三天：

精读《旅行家》，简要概述旅行家来到地球看到了什么景象？（记得上传你的答案哦！）

第四天：

研读《傻子》，简要复述傻子做过的"傻事"，想一想，傻子真的"傻"吗？（记得上传你的音频哦！）

第五天：

品读《鸟言兽语》《画眉》，想一想，这些小动物教会我们什么道理？（记得上传你的答案哦！）

2 《稻草人》专题速读

朗读

蚊

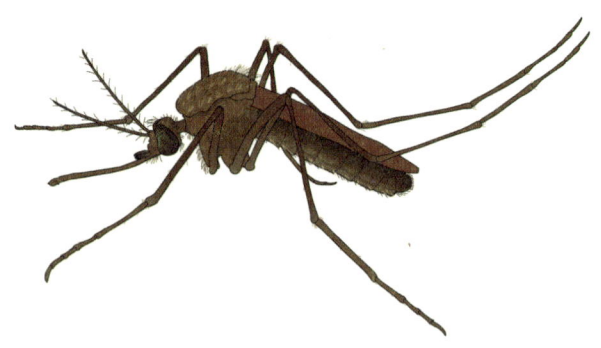

　　污水中有孑孓，化为蚊。喙甚锐，刺入人肤，吸血而食之。日间畏光，常集于暗处。天将晚，则成群飞出，其声嗡嗡。

——《共和国教科书新国文（初小）》（天津古籍出版社2013年版）

1. 阅读第一段，根据他寻找的地方，猜一猜他寻找的东西是什么？

2. 联系生活，说说要寻找的东西你都在哪个场景中见过？（举两个例子）

3. 他与快活人分别后，又去了一些地方寻找。朗读他在这些地方看到的画面情景，写一写你的感受。

4. 回顾故事，补全思维导图。

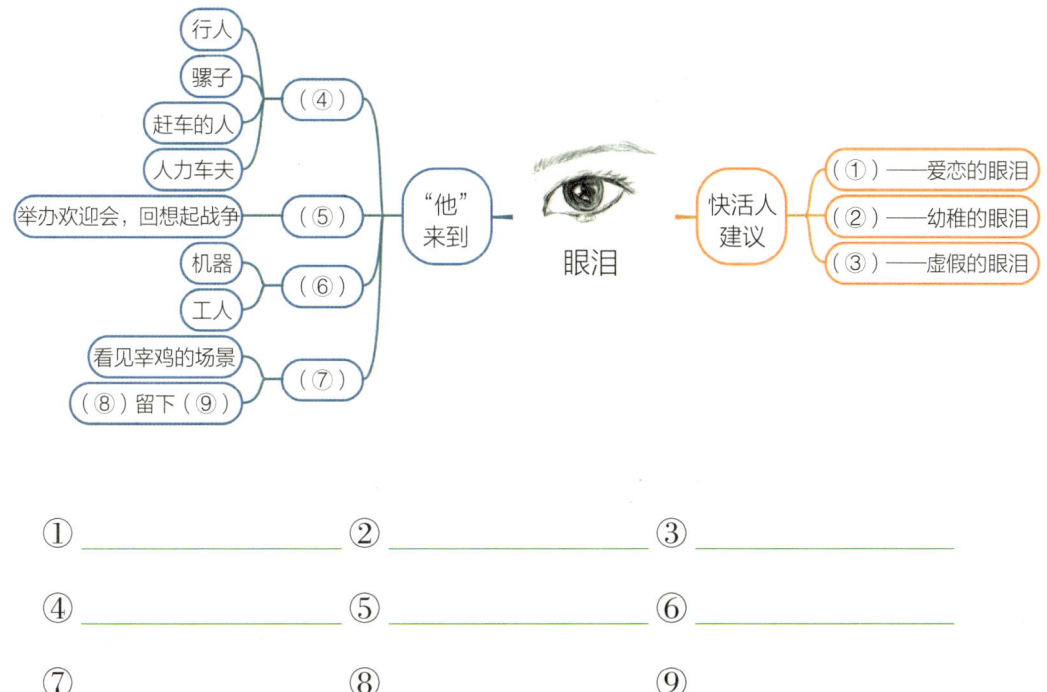

① _____ ② _____ ③ _____

④ _____ ⑤ _____ ⑥ _____

⑦ _____ ⑧ _____ ⑨ _____

《稻草人》中有很多个小故事，请插上想象的翅膀，继续在童话世界中遨游吧！

1. 根据慈儿哼唱的"轻云露笑涡，轻风漾碧波"，描述你想到的画面。

2. 在相同的时间、地点，慈儿看到的景色却大不相同，是谁令慈儿的心受到感动？这个人长什么样子呢？想一想，写下来。

3. 慈儿读完祖父记载的"六年战役"，他明白了：_____

4.《跛乞丐》中的主角是什么样子的呢？请在朗读后写一写你的感受。

5. 人们对跛乞丐的做法与上一个故事中慈儿的做法相比，你更喜欢哪一种？为什么？

6. 跛乞丐年轻时是一名_____，曾帮助_____给_____寄去了信件；还帮助过_____给_____寄去了信件；在帮助_____给_____送信的时候，不幸中枪，最后变成了跛乞丐。

7. 生活当中也有许多这样平凡的英雄和可怜的人，如果你有可以使愿望成真的魔法，你会为跛乞丐或者其他可怜人做点什么呢？

《稻草人》阅读规划

请为你在本次旅程中的表现打分 ☆☆☆☆☆☆

（评分标准：1. 积极分享，有所收获　2. 富有同情心，愿意帮助他人　3. 语句通顺，字迹工整）

1. 说一说这段文字运用了哪些人物描写的方法，这样写有什么好处？

她放下手中的花，把小燕子捧了起来；取出雪白的手绢给他擦去背上的血。她轻轻地抚摩着他的羽毛，用右颊亲着他，温柔地说："可怜的小宝贝，你吃苦了。是谁欺侮了你？是谁欺侮了你？现在你的痛苦过去了。我给你睡又软和又温暖的床，给你吃又甜又香的食品。我做你的亲爱的伴侣。你跟我回家去吧，小宝贝。"

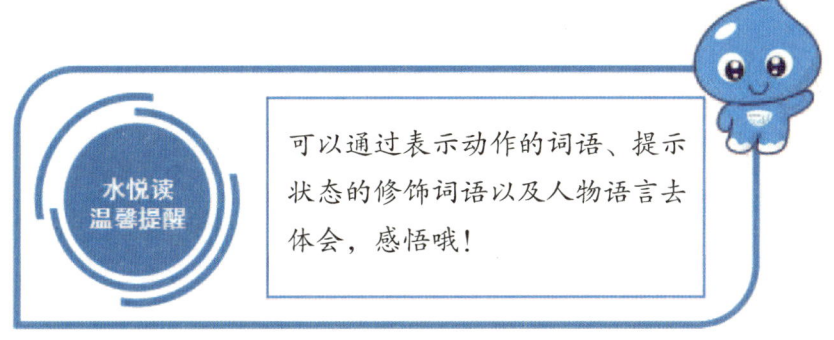

这段文字运用的人物描写方法是：_____、_____。

好处：_____

2. 挑选你喜欢的故事，找到一个最能打动你的人物描写片段，试着分析这样写的好处。

我选择的文段：_____

_____

_____

_____

好处：_____

_____

思维连滚翻，故事精彩不断！请挑选一个故事，从人物描写方法的角度入手，借助思维导图介绍主人公。

 鉴读

他人之长：

我的收获：

开卷有益 自读

第一天：

回顾《眼泪》《慈儿》《跛乞丐》《燕子》，积累好词佳句。（记得拍照上传哦！）

第二天：

速读《新的表》，想一想你在使用一个新东西的时候，有没有像愚儿一样闹过笑话呢？分享一下你的趣事吧。（记得上传你的音频哦！）

第三天：

品读《瞎子和聋子》，朗读他们听到的、看到的场景，了解从视觉、听觉角度描写场景的方法。（记得上传你的音频哦！）

第四天：

精读《一粒种子》《梧桐子》，看一看种子都被谁培育过？最后在谁那里发芽开花了？哪些句子能体现出梧桐子长成了大树？（记得上传你的答案哦！）

第五天：

速读《火车头的经历》《芳儿的梦》，挑选一篇，画一画你想象中的画面。（记得上传你的画作哦！）

3 《稻草人》定向精读

 朗读

磨刀石

圣野

月亮把夜天

当作一块

蓝幽幽的

磨刀石

磨亮了镰刀

她就要去收割

像麦粒一样成熟的

满天的星星了

——《日有所诵 小学三年级》（广西师范大学出版社2017年版）

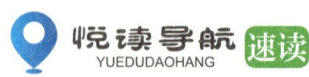

悦读导航 YUEDUDAOHANG 速读

根据主角进行分类，补全思维导图。

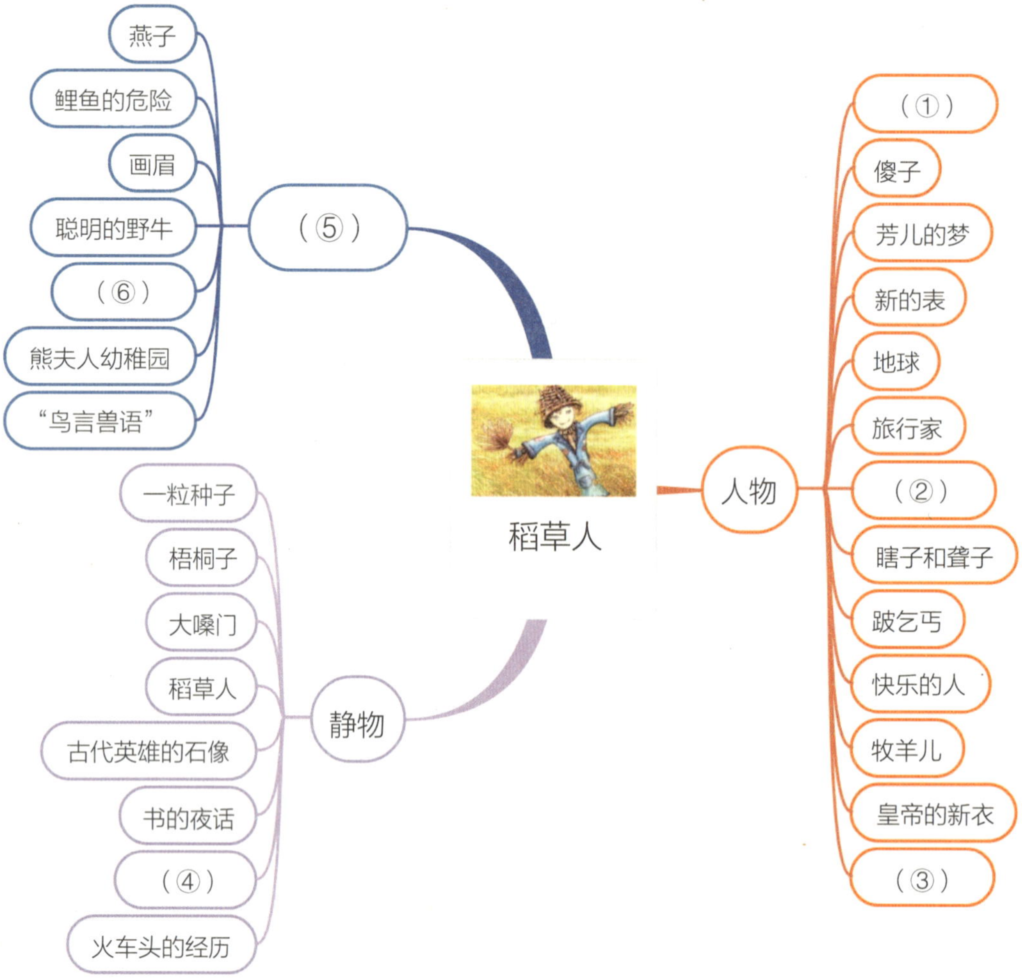

稻草人
（⑤）
燕子
鲤鱼的危险
画眉
聪明的野牛
（⑥）
熊夫人幼稚园
“鸟言兽语”
静物
一粒种子
梧桐子
大嗓门
稻草人
古代英雄的石像
书的夜话
（④）
火车头的经历
人物
（①）
傻子
芳儿的梦
新的表
地球
旅行家
（②）
瞎子和聋子
跛乞丐
快乐的人
牧羊儿
皇帝的新衣
（③）

① ______ ② ______ ③ ______

④ ______ ⑤ ______ ⑥ ______

书海泛舟 SHUHAIFANZHOU 研读

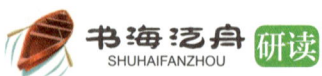

请插上想象的翅膀，继续在童话世界里遨游吧！

1. 这些发言的小动物在语言、动作方面各有特色，你最喜欢＿＿＿＿＿＿，熊夫人的幼稚园最后关门的原因是＿＿＿＿＿＿＿＿＿＿＿＿＿＿。

2. 比较《古代英雄的石像》和《最有意义的生活》这两篇故事：

《古代英雄的石像》中的主人公是：＿＿＿＿＿和＿＿＿＿＿。

《最有意义的生活》中的主人公是：＿＿＿＿＿和＿＿＿＿＿。

最后讲述的道理也有异曲同工之处。

《古代英雄的石像》告诉我们：

《最有意义的生活》告诉我们：

请为你在本次旅程中的表现打分 ☆☆☆☆☆☆

（评分标准：1. 积极分享，有所收获 2. 富有想象力 3. 语句通顺，字迹工整）

1. 常见的修辞手法都有哪些?

2. 在书中找到一处运用修辞手法的句子，并分析作用。

例如：店堂里三面靠墙壁都是书架子，上面站满了各色各样的书。有的纸色洁白，像女孩子的脸；有的转成暗黄，有如老人的皮肤。有的又狭又长，好比我们在哈哈镜里看见的可笑的长人；有的又阔又矮，使你想起那些肠肥脑满的商人。有的封面画着花枝，淡雅得很；有的是乱七八糟的一幅，好像是打仗的场面，又好像是一堆乱纷纷的虫豸。有的脊梁上的金字放出灿烂的光，跟大商店的电灯招牌差不多，吸引着你的视线；有的只有朴素的黑字标明自己的名字，仿佛告诉大家它有充实的内容，无须打扮得花花绿绿的。

分析：这段话运用了排比、比喻的修辞手法，采用总—分结构，层次清晰、形象生动地展现了店里的书品类繁多以及各类图书的特点。

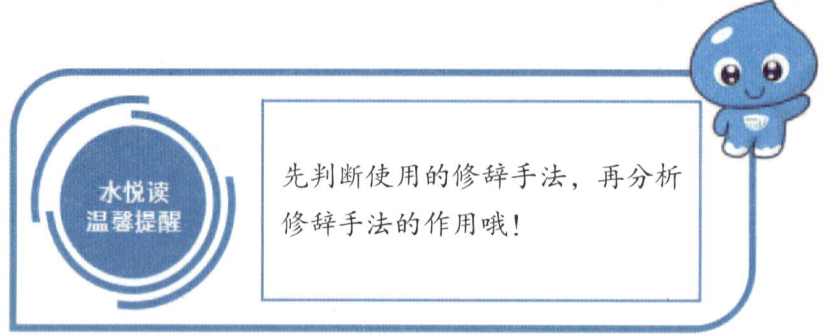

先判断使用的修辞手法，再分析修辞手法的作用哦！

句子：_____

_____

分析：_____

_____

_____

写读联动 创读

1. 思维连滚翻，故事精彩不断！叶圣陶先生也阅读过安徒生的《皇帝的新装》，他还续写了游行后发生的事情。在叶圣陶先生的故事中，皇帝的结局如何呢？

_____

_____

2. 在这本书中任选一个故事，续写一段文字。

_____

_____

他人之长：

我的收获：

第一天：

回顾上课时阅读过的故事，整理积累的好词佳句。（记得拍照上传哦！）

第二天：

通读《鲤鱼的危险》，说一说它们是怎样化解危险的。（记得上传你的答案哦！）

第三天：

品读《聪明的野牛》《蚕和蚂蚁》，想一想这些小动物教会了我们什么道理？（记得上传你的答案哦！）

《格林童话》阅读规划

GELINTONGHUA

1 《格林童话》整体悦读

● 学习重点

感受童话故事丰富的想象。

● 以文育人

善良的人最终会迎来幸福美满的结局。

2 《格林童话》专题速读

● 学习重点

掌握预测阅读法。

● 以文育人

只要心怀真、善、美，你的生活也会如童话般美好。

1 《格林童话》整体悦读

积雪

[日]金子美铃

上层的雪
很冷吧，
冰冷的月亮照着它。

下层的雪
很重吧，
上百的人压着它。

中间的雪
很孤单吧，
看不见天也看不见地。

——《日有所诵 小学三年级》（广西师范大学出版社 2017 年版）

 速读

1. 看作者。

（1）作者：_____ （2）国家：_____

2. 浏览目录，请写出：

三个以人为主人公的童话故事：_____

_____

三个以动物为主人公的童话故事：_____

_____

3. 请在目录中找出插图所描绘的故事，写在下面的横线上。

1. 默读以下文字，回答问题。

公主其实并没有死，只是沉沉地睡着了。这时国王和王后回来了，他们刚走进大厅，忽然也跟着睡着了；马厩里的马、院子里的狗、屋顶上的鸽子、墙上的苍蝇，也都跟着睡着了；甚至连炉火也停止了燃烧；厨师此刻正抓住一个犯错的童工的头发，要给他一耳光，他们两个也定在那儿睡过去了。所有的一切都一动不动，沉沉地睡过去了。

……

此时，国王和王后也醒过来了，王宫里所有的人都醒过来了。他们你看看我，我看看你，似乎还不明白到底发生了什么事情。马站了起来，抖动着身体；狗儿欢跳不止，汪汪大叫；鸽子抬起头来，环顾四周，振翅飞向田野；墙上的苍蝇嗡嗡地飞走了；厨房里的火又蹿起了火苗；厨师怒吼着扇了童工一个耳光；女仆继续给黑母鸡拔毛……一切都恢复了往日的模样。

（1）找一找，这两段文字都描写了哪些人和动物？

_____

_____

（2）这两段文字的相同点是：_____

不同点是：_____

（3）这两段文字在文章结构上的特点是：_____

2. 默读以下文字，边读边想象，感受童话故事生动细致的语言，并思考文中描写了哪些事物。

这座宫殿铺着精致的大理石，四周的墙壁也都粉刷得高贵大气，整个空间是那样的宽敞明亮，给人一种金碧辉煌的感觉。许多穿着统一服饰的仆人紧紧跟在他们身后，为他们引路。渔夫和妻子沿着柔软又精美的红地毯继续前行，发现每一个房间都装饰得十分华美，有金光闪闪的大吊灯，有镀金的桌椅。一个能坐下十二个人的大餐桌摆在餐厅的中央,这个餐桌上摆满了山珍海味。渔夫和妻子一路走来,被眼前的华丽和壮观震撼着。他们又来到了宫殿后面。这里的视野更加开阔,远处是蜿蜒起伏的群山,山下一大片草原上养着各种名贵的马和牛,而眼前的大花园,简直就是人间仙境,这里有五彩缤纷的鲜花,有硕果累累的珍贵的果树。这里的一切,简直令人叹为观止。

文中描写的事物有:_____

_____

精读以下文字,概括其中体现的美好品质。

亨利的胸前套着三个铁箍,那是因为自从王子变成青蛙后,他悲痛极了,于是就用铁箍来保护他的心不因痛苦而破碎。

忠诚善良的仆人亨利扶着他的主人和公主登上了马车后,八匹马掉转头就出发上路了。亨利紧跟在马车身后。马车刚刚驶去不远,车后面传来一声声啪啦啪啦的声音,这响声一次又一次地传到了王子和公主的耳边,他们都很好奇,以为是因为道路颠簸使得车上的东西破碎了。事实上,这响声是亨利胸前的三个铁箍一个接一个地破碎了,他为王子解除魔咒以及王子和公主的幸福而感到快乐,他曾经痛苦的心现在受到美好生活的感染,使得铁箍自动消失了。

(1)原文:_____

_____

上面的文字体现了_____

_____的美好品质。

(2)原文:_____

_____

上面的文字体现了_____

_____的美好品质。

生动语言读书卡

1.
环境卡

2.
人物卡

3.
动作卡

 鉴读

他人之长：

我的收获：

 自读

第一天：

速读《贪婪的大花猫和愚蠢的小老鼠》，找出大花猫第一次偷吃猪油时的动作描写并朗读。（记得上传你的音频哦！）

第二天：

通读《狼和狐狸》的故事，积累故事中的四字词语，理解其意思。（记得拍照上传哦！）

第三天：

品读《金鹅》，概括故事中小傻瓜的性格特点。（记得上传你的答案哦！）

第四天：

研读《石竹花》，看看里面出现了哪些人物，挑选其中一个，以"我想对……说"为开头，写一段话，150字左右。（记得上传你的作品哦！）

第五天：

阅读《不来梅的音乐家》，联系实际生活，说一说你从中受到了什么启示。（记得上传你的音频哦！）

❷《格林童话》专题速读

朗读

桂

庭中种桂,其叶常绿。秋时开花,或深黄,或淡黄。每遇微风,浓香扑鼻,人咸爱之。花落,取以和糖,贮于瓶中,虽历久而香甚烈。

——《共和国教科书新国文(初小)》(天津古籍出版社2013年版)

（一）读《贪婪的大花猫和愚蠢的小老鼠》

1. 快速阅读故事，回答问题。

（1）大花猫一共偷吃了几次猪油？

（2）大花猫偷吃猪油的理由是：

（3）大花猫的性格特点：

2. 大胆想象，如果你是小老鼠，你会怎么做？（30字左右即可）

（二）读《不来梅的音乐家》

1. 快速阅读故事，回答问题。

（1）不来梅的音乐家有：

（2）它们去不来梅当音乐家的原因是：

（3）它们在去往不来梅的路上，遇到了哪些情况？又是怎么应对的？

天色暗了下来：

深夜：

2. 大胆想象，如果你是其中一个动物的主人，你会怎么做？为什么？

我会：_____

因为：_____

1. 默读以下文字，回答问题。

小老鼠又开始勤勤恳恳地打扫房间了，它把屋子收拾得干干净净、整整齐齐。可是那只自私贪婪的大花猫把剩下的猪油全部吃掉了，没有留下一滴给小老鼠。大花猫的肚子鼓得高高的，它打理着自己沾满猪油的胡须想：还是把它吃完心里比较踏实。大花猫又是等到天黑了才回家。

（1）试着概括小老鼠的性格特点：_____

（2）这是大花猫第_____次偷吃猪油，这表明小老鼠还具有的性格特点是：_____

（3）这个故事告诉我们：_____

2. 精读文字，回答问题。

很快，大家想出了一个好办法：驴最大最壮，它站在最下面，同时把前腿搭在窗台上，猎狗跳到驴背上，接着猫再爬到狗的身上，最后公鸡顺着驴、猎狗和猫搭建好的台阶飞到猫的头上。就这样大家都站稳后，突然一起朝屋内大叫。猛然间整间屋子充斥着驴、猎狗、猫和公鸡的叫声，同时，它们撞破窗户，一个个从窗外跳进了屋内。顿时，屋内噼里啪啦，尘土飞扬，乱成了一片。强盗们听见杂乱可怕的声音，已经吓得不行了，还没来得及看清是怎么回事，就抱着脑袋仓皇地逃到森林里去了。驴、猎狗、猫和公鸡见此大笑起来，它们很开心，因为它们凭借集体的力量把强盗赶走了。

（1）音乐家们的性格特点：_____

_____

（2）这个故事告诉我们：_____

_____

1. 请概括下面文字传达的生活道理。

大灰狼终于费劲地挪到了河边，它俯下身子去喝水，可是肚子里的石头太重了，大灰狼一个跟头就掉进了河里，淹死了。山羊们看到大灰狼掉到了河里，高兴得手舞足蹈。

道理：_____

2. 请同学们摘录你喜欢的文字，并体会其中蕴含的生活道理。

（1）原文：_____

_____

_____

道理：_____

（2）原文：_____

_____

_____

道理：_____

请将思维导图补充完整。

他人之长：

我的收获：

搜索并观看有关童话故事的视频。

第一天：

再读《白雪公主》的故事，感受白雪公主的美丽和小矮人的善良。做一份手抄报，向你的小伙伴介绍这个故事吧。（记得上传你的作品哦！）

第二天：

搜索并观看《灰姑娘》的视频，学习灰姑娘勇敢、坚强、执着的美好品质。联系实际，谈谈在今后遇到困难时，你会怎么做。（记得上传你的音频哦！）

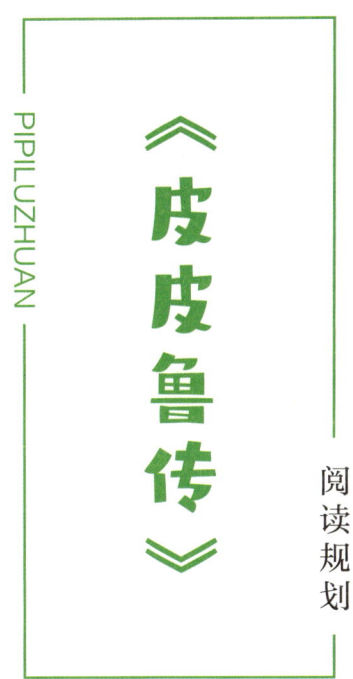

1 《皮皮鲁传》整体悦读

● **学习重点**

利用"四看"法,整体感知《皮皮鲁传》的故事内容。

● **以文育人**

展开想象的翅膀,爱阅读从喜欢童话开始。

2 《皮皮鲁传》专题速读

● **学习重点**

借助"预测阅读法",根据故事情节进行预测,猜想故事发展。

● **以文育人**

发现皮皮鲁身上的闪光点,感悟人性之美。

3 《皮皮鲁传》定向精读

● **学习重点**

将自己代入人物角色,与皮皮鲁进行心灵对话。

● **以文育人**

学习皮皮鲁勇敢机智、善良正直、热爱创造的美好品质。

1 《皮皮鲁传》整体悦读

你别问这是为什么

刘倩倩

妈妈给我两块蛋糕，
我悄悄地留下了一块。
你别问，这是为了什么。

爸爸给我穿上棉衣，
我一定不把它弄破。
你别问，这是为了什么。

哥哥给我一盒歌片，
我选出了最美丽的一页。
你别问，这是为了什么。

晚上，我把它们放在床头边，

让梦儿赶快飞出我的被窝。

你别问，这是为了什么。

我要把蛋糕送给她吃，

把棉衣给她去挡风雪，

再一块唱那美丽的歌。

你想知道她是谁吗？

请去问一问安徒生爷爷——

她就是卖火柴的那位小姐姐。

——《日有所诵 小学三年级》（广西师范大学出版社 2017 年版）

1. 仔细看封面，猜一猜封面上的小男孩正在做什么？

2. 作者：_____，被誉为"_____"。2008 年，联合国向作者颁发"_____"，他成为中国作家中获此殊荣的_____。

3. 认真看内容提要，找一找本书的主人公是谁？主要讲了他的什么故事？

4.快速浏览目录,说一说你对哪一个故事最感兴趣?根据题目,大胆猜测,这个故事会向我们讲述什么内容?

1.阅读下面的片段,猜一猜,皮皮鲁家的红沙发究竟有什么独特之处?

这是一张红色的双人沙发,它来到皮皮鲁家已经有一年多时间了,可谁也没发现它会演奏音乐!

皮皮鲁一条腿跪在沙发上,他把耳朵贴在靠背上,能隐隐约约听见音乐声。难怪呢,如果不是鲁西西偶然用妈妈的听诊器听,谁也不会发现这个秘密。

……

"是谁在沙发里演奏音乐?"皮皮鲁围着红沙发转了一圈儿,没有发现这个沙发和其他沙发有什么区别。皮皮鲁从妹妹手中拿过听诊器,跑到另一间屋里,他要听听其他沙发会不会演奏音乐。结果使他失望,别的沙发都不会,只有这个红沙发会。

独特之处:

2.大胆设想,红沙发会演奏什么样的音乐?

《战胜胃癌交响乐》开始播放。当第一章演奏完的时候,徐老师的脸上出现了红润的颜色。乐曲的主旋律通过耳膜进入徐老师的身体里,调动起体内的生命因素,鼓励它们振作起来,同敌人搏斗、抗争。徐老师全身所有的细胞和神经都被音乐激励起来了。

第二乐章开始了。主旋律刺激着徐老师的食欲,使他急于想吃饭。徐老师睁开眼睛了。

当第四乐章全部播放完毕,徐老师竟奇迹般地坐了起来。他在生命的死亡线上,依靠音乐的强大力量,终于战胜了病魔,回到了美好的人间。

上面的文段充满了奇思妙想。请快速浏览全书,再找出三处类似的文段。

1. _____

2. _____

3. _____

思维连滚翻，故事精彩不断！展开丰富的想象，续写《皮皮鲁遇险记》这个故事吧！（100字左右）

他人之长：

我的收获：

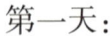

第一天：
速读《皮皮鲁奇遇记》，找一找皮皮鲁的奇遇是什么，他发现了什么秘密？（记得上传你的答案哦！）

第二天：

通读《皮皮鲁和红桃老 K》，把你认为有趣的句子或段落在书上标记出来。（记得拍照上传你标记的句子或段落哦！）

第三天：

默读《皮皮鲁和红桃老 K》，皮皮鲁都有哪些发明创造？找一找写下来吧！（把你的发现拍照上传吧！）

第四天：

《皮皮鲁蒙冤记》中皮皮鲁做了什么事情？用自己的话概括一下吧！（记得上传你的答案哦！）

第五天：

通过《皮皮鲁奇遇记》《皮皮鲁和红桃老 K》《皮皮鲁蒙冤记》这三个故事，你能感受到皮皮鲁什么性格特点？哪些地方能够体现出来？动笔写一写吧，100 字左右。（不要忘了上传你的答案哦！）

2 《皮皮鲁传》专题速读

朗读

萤

萤,飞虫也,生于卑湿之地,腹后有光。晚间,常见水边草际,微光闪烁,去来无定,即萤光也。

——《共和国教科书新国文（初小）》（天津古籍出版社2013年版）

速读

1. 概括故事大意,首先需要找出故事的_____。
2. 为了把故事讲得更清楚,我们可以用表示时间顺序的关联词"_____、_____、_____、_____"把故事的主要情节串联起来。
3. 请用学到的概括故事内容的方法,概括《皮皮鲁传》中你最喜欢的故事。

_____

_____

_____

 研读

1. 通过阅读题目"皮皮鲁奇遇记",你能预测出什么?

2. 读第一部分,概括皮皮鲁发现的令人震惊的秘密。

3. 根据第一部分的故事内容,大胆预测,皮皮鲁发现了这个秘密后会怎么做?你预测的依据是什么?

 品读

1. 精读下面的文字,说一说你对"洋洋得意"这个词语的理解。

皮皮鲁摸到的第一张牌是红桃老K,他觉得自己今天运气还行。

开始出牌。

贝塔打扑克运气一直不错,他一边哼歌一边出牌,洋洋得意之情溢于言表。

2. 用你的火眼金睛在文中找一找,贝塔洋洋得意的原因是什么?

3. 运用替换法，开动你的小脑筋想一想，"碰巧"的近义词有哪些？（试着写出三个）

他们都是碰巧赶上的，算是运气好吧。上帝觉得人类发展速度太慢，派我来唤醒一些脑细胞。

读一读、找一找，把自己喜欢的新鲜词语写下来。看谁写得最多！

他人之长：

我的收获：

第一天：

速读《皮皮鲁日记》，找一找皮皮鲁写的是哪两种日记？为什么要写两种日记？（记得上传你的答案哦！）

第二天：

通读《皮皮鲁外传》A—F，说一说皮皮鲁是乘坐什么工具上天的？读一读皮皮鲁上天的经过吧！（别忘了将朗读的音频上传哦！）

第三天：

阅读《皮皮鲁外传》G—L，把你认为神奇、有趣的句子在书上标记出来。（记得拍照上传你标记的句子哦！）

第四天：

阅读《皮皮鲁外传》M—S，用三句话概括一下皮皮鲁学开车的过程。（别忘了上传你的概括哦！）

第五天：

运用预测阅读法，猜想一下《皮皮鲁外传》T-Z 的故事结局，将你的预测写下来。（不要忘了上传你的神奇预测哦！）

3 《皮皮鲁传》定向精读

明天要远足

（中国台湾）方素珍

翻过来……

唉！

睡不着，

那地方的海，真的像老师说的

那么多种颜色吗？

翻过去……

唉！

睡不着，

那地方的云，

真的像同学说的

那么洁白柔软吗？

翻过来……

翻过去……

唉！

到底什么时候

才天亮呢？

——《日有所诵 小学三年级》（广西师范大学出版社2017年版）

根据皮皮鲁的日记内容，将思维导图补充完整

1. 皮皮鲁坐"二踢脚"上天这件事，体现了皮皮鲁什么样的性格特点？

2. 通过《D 将功赎罪》这个片段，我们又能够感受到皮皮鲁什么样的性格特点？

3.《V 追回辣椒馒头》这个故事，还让我们看到了一个怎样的皮皮鲁？

《皮皮鲁传》阅读规划

 品读

皮皮鲁是第一个来看徐老师的同学。老师心里很惭愧，过去自己老是训斥皮皮鲁，当着全班同学的面挖苦他。自己生病了，他却第一个来看他。徐老师猛然想起，自己从前教的学生长大以后，总是那些小时候调皮的学生来家里看望他，这些孩子重感情。而那些班干部却几乎不登昔日小学老师的家门……

以上文字体现了皮皮鲁的善良正直，书中哪些文段体现了皮皮鲁机智勇敢、善良正直、热爱创造等性格特点？试着找出来写在下面。

1. 机智勇敢：_____

2. 善良正直：_____

3. 热爱创造：_____

 创读

结合《皮皮鲁外传》的故事情节，展开大胆想象，续写故事结局。

他人之长：

我的收获：

第一天：

把《皮皮鲁传》中你喜欢的故事，试着讲给家长听。在家长协助下录个小视频。（记得上传你的视频哦！）

第二天：

用思维导图的形式，梳理《名画风波》的故事内容。（别忘了把你画的思维导图拍下来上传哦！）

图书在版编目（CIP）数据

水悦读　阅名著.中级.上册,江/巩向良主编. -- 青岛：中国海洋大学出版社，2021.7

ISBN 978-7-5670-2876-0

Ⅰ.①水… Ⅱ.①巩… Ⅲ.①阅读课—小学—教学参考资料 Ⅳ.①G624.233

中国版本图书馆CIP数据核字(2021)第161207号

出版发行	中国海洋大学出版社
社　　址	青岛市香港东路23号　邮政编码　266071
出 版 人	杨立敏
网　　址	http://pub.ouc.edu.cn
订购电话	0532-82032573（传真）
责任编辑	董　超
照　　排	青岛光合时代文化传媒有限公司
印　　制	青岛北琪精密制造有限公司
版　　次	2021年8月第1版
印　　次	2021年8月第1次印刷
成品尺寸	185 mm×260 mm
印　　张	6.75
印　　数	1~10000
字　　数	48千
定　　价	120.00元（全两册）

如发现印装质量问题，请致电13864837986，由印刷厂负责调换。

水悦读
阅名著

（中级上册）

河

巩向良 / 主编

中国海洋大学出版社
·青岛·

编委会

主　编：巩向良

编　委：刘玉璠　郑卫璐　张佘伊凡

　　　　周丽慧　郝亚筱　于慧敏

　　　　臧小萌　胡艳艳　潘志燕

编写说明

本书所选篇目，均为古今中外经典，突出文学性的同时，涉及哲学、艺术、科技诸多方面。

"四阶五维七步"是本书的核心教学法。

四阶

本着"把厚书读薄，再把薄书读厚"的原则，我们设计了"整体悦读、专题速读、定向精读、体悟展读"四个阶段，循序渐进地引导小读者进行整本书的浸润式阶梯阅读。

五维

古今中外的经典名著，历经时间的浸润与淘洗，承载着人类优秀的品质与智慧——纯净、友善、包容、进取……教学中，我们借助经典阅读，从"听、说、读、写、思"五个维度，全方位地培养广大小读者的综合素养。

七步

第一步，诵读。一年级，诵读"情景识字"文段，目的是让小读者尽快扔掉拼音的"拐杖"，开始纯文字阅读；二年级开始，诵读民国老课本中的经典文段以及中外精美的现代诗文，目的是让小读者充分感受汉语之美，畅享读书之乐。

第二步，速读。学会一目十行地读、连滚带爬地看、走马观花地翻，学会如何整体感知文本，这是在茫茫书海中尽情遨游的基础。

第三步，研读。阅读是一种自主性很强的学习活动，遇到喜欢的章节，要学会停下脚步慢慢欣赏、细细研究，惟其如此，方能真切感受到读书的乐趣。

第四步，品读。读经典，就是和高尚的人进行对话、交流。只有静心品味，才能和古今圣贤（作者）达成心灵的沟通、情感的共鸣、认知的协同，才能充分吸收人类文明的智慧和能量。

第五步，创读。阅读不仅仅是为了增长知识，更重要的是学以致用、推陈出新。活学活用是阅读的最高境界。

第六步，鉴读。通过归纳总结促进阅读，提升读书质量，提高鉴别能力；揽镜自照，查漏补缺，更能充分地认识自我。

第七步，自读。安排自主阅读，一方面切实保障了整本书的真阅读、实阅读、全阅读；另一方面，加强了阅读的互动，从而最终实现经典明智、文化塑身的完整教育。

水悦名著　畅达幸福

上善若水。"水悦读"以"为儿童全生活着想"为理念，结合线上、线下阅读活动，陪伴你们开展浸润式完整阅读——掬经典之水，净化身心；引经典之水，涵养心智；借经典之水，扬帆远航。

细雨湿衣看不见，闲花落地听无声。在"水悦读"陪伴的书香岁月里，你们将深深体味到文字的甘甜、情感的柔软、智慧的芬芳。白天读过的儿童故事、漫游的童话城堡，会让纯真的你们在夜晚的梦中笑出声；渐渐懂事的你们，会慢慢明白寓言故事中的话中话、弦外音，会真切感受到古今中外神话故事的奇幻与宏大，会把思维的触角伸向神秘的自然科学世界；渐渐长大的你们，浏览过民间故事的奇人奇事，知晓了中国古典小说的博大精深，翻阅完一本又一本真切感人的成长小说，最后迷上了文学……阅读的旅程如泉如溪，如河如湖，如江如海，妙不可言！

在你们心中种下读书的种子，是"水悦读"的使命；做你们整本书阅读的陪伴者、引导者，是"水悦读"的责任；让你们拥有书香生活、幸福人生，是"水悦读"的梦想。

引领你们读好书、好读书，不仅是要培养听、说、读、写、思的能力，更重要的是助力你们成为阳光、知性、自信的中华好人。

亲爱的孩子们，你们最终会明白，阅读是一种学习方式，是一种学习习惯，更是一种高品质的生活方式。

"水悦读　阅名著"编委会

2021 年 6 月 1 日

目录 MULU

《天空在脚下》阅读规划
1 《天空在脚下》整体悦读 …………… 002
2 《天空在脚下》专题速读 …………… 006

《夏洛的网》阅读规划
1 《夏洛的网》整体悦读 …………… 014
2 《夏洛的网》专题速读 …………… 020
3 《夏洛的网》定向精读 …………… 026

《中国古代神话》阅读规划
1 《中国古代神话》整体悦读 …………… 032
2 《中国古代神话》专题速读 …………… 039
3 《中国古代神话》定向精读 …………… 046

《希腊神话故事》阅读规划

1《希腊神话故事》整体悦读 ········· **054**

2《希腊神话故事》专题速读 ········· **059**

3《希腊神话故事》定向精读 ········· **065**

《鼹鼠的月亮河》阅读规划

1《鼹鼠的月亮河》整体悦读 ········· **072**

2《鼹鼠的月亮河》专题速读 ········· **077**

《爱的教育》阅读规划

1《爱的教育》整体悦读 ············· **084**

2《爱的教育》专题速读 ············· **090**

3《爱的教育》定向精读 ············· **096**

《天空在脚下》阅读规划

1 《天空在脚下》整体悦读

- 学习重点

通过欣赏画面、默读文字，充分感知故事情节的一波三折。

- 以文育人

每一个人都有梦想，只要坚持不懈地追求，就一定会实现。

2 《天空在脚下》专题速读

- 学习重点

通过人物的动作、语言、神态，感受故事中鲜明的人物形象。

- 以文育人

人生就是不断挑战自我、超越自我的过程。

1 《天空在脚下》整体悦读

诚实童子

卖柑者担筐入市，数柑坠于地。一童子在后见之，急拾柑以还卖柑者。卖柑者曰："童子诚实，可嘉也。"取二柑报之。童子不受。

——《共和国教科书新国文（初小）》（天津古籍出版社2013年版）

1. 仔细观察封面上的图片，按照由近到远的顺序，找找图片上都画了哪些内容呢？

2. 《天空在脚下》的作者是谁？是哪国的作家？获得过什么奖？

3. 绘本中有哪些人物？他们是做什么的？他们之间有什么关系？

4. 书中的主人公是谁？做了哪些事情？

书海泛舟 研读

从头到尾仔细欣赏书中的画面，再用心挑选出一幅或者两幅你最喜欢的，用自己的语言为班里的其他同学介绍一下。

品味书香 品读

1.《天空在脚下》这本书讲述了一个什么故事？

2. 书中的主人公是一个什么样的孩子？

故事情节一环套一环,牵动着我们的心,吸引我们一直读下去。大家回忆自己的成长,是不是也有很多有趣的经历想和别人分享?试着写几句,和同学们一起感受成长的快乐。

_____
_____
_____
_____
_____

他人之长:
_____
_____

我的收获:
_____
_____

第一天:
关注绘本中的文字,把关于米瑞的句子抄写下来,感受她勇敢自信、积极进取的精神。

第二天：

细读绘本中的文字，用自己的话概括米瑞做过的事，感受书中一波三折的情节。

第三天：

欣赏绘本中的图画，关注画面细节，挑选出最喜欢的一幅画，说一说自己从画面中看出了什么。

第四天：

找出书中关于贝利尼的内容，说一说他是一个怎样的人。

第五天：

结合音频读绘本，通过对比米瑞和贝利尼的做法，感受绘本主题：对梦想的不懈追求。

2 《天空在脚下》专题速读

朗读

钓鱼的人

[苏联] 阿·巴尔托

有一个爱钓鱼的人,
一早就坐在湖上头。
他坐在那里哼了又哼,
哼的歌儿一个字也没有。

这可爱的小歌曲,
里面有快乐也有忧愁。
可是水里的鱼,
暗中已经把它记熟。

等到歌儿一开头,
鱼儿就四面八方逃走。

——《日有所诵 小学四年级》(广西师范大学出版社 2017 年版)

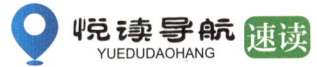

悦读导航 YUEDUDAOHANG 速读

1. 请先看图说话，再根据事情发生的顺序排列这些图片。

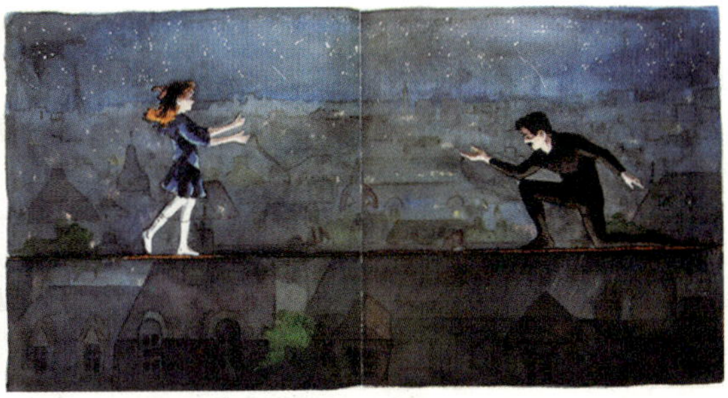
(1)

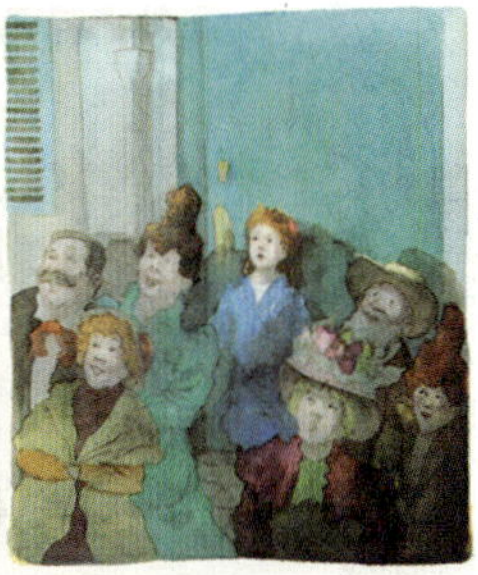
(2)

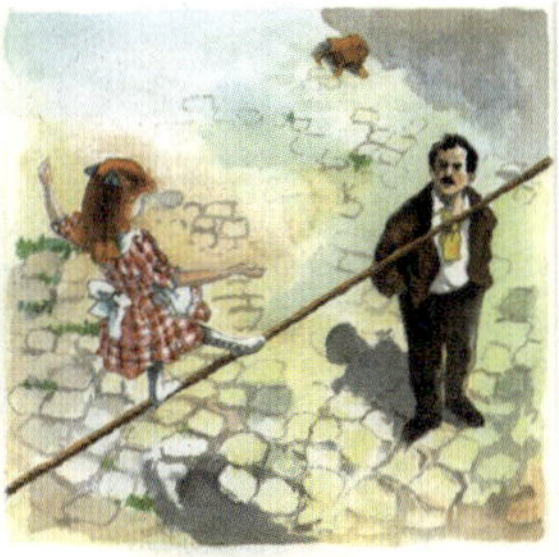
(3)

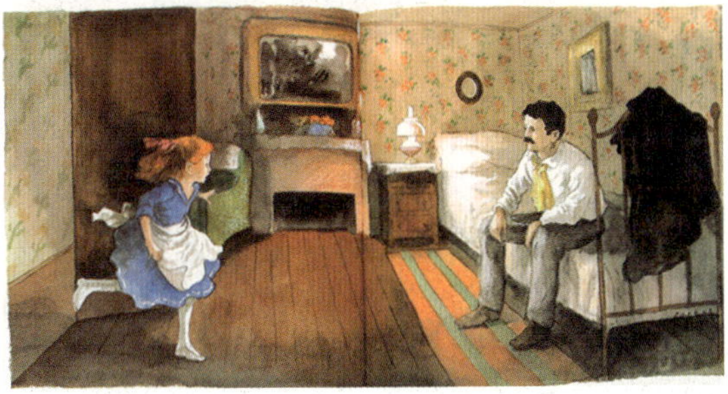
(4)

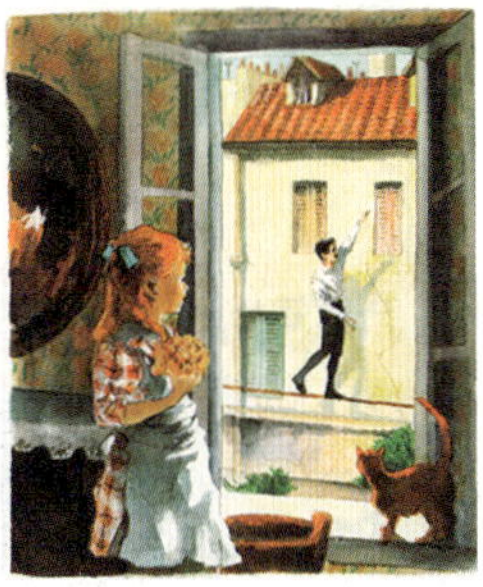
(5)

(1) ____________________

(2) ____________________

(3) ____________________

(4) ____________________

(5) ____________________

排序：____________________

2. 分别摘录下列四种人物描写的语句，试着体会贝利尼的性格特点。

外貌、神态：____________________

语言：____________________

动作：____________________

心理：_____

3.每幅画分别体现出了贝利尼的什么品质？

　　（1）　　　　　　（2）　　　　　　（3）

　　　　（4）　　　　　　　　（5）

（1）贝利尼和葛太太在门口交流，米瑞在二楼看着他们。

品质：_____

（2）米瑞在钢索上练习，贝利尼在钢索下指导。

品质：_____

（3）贝利尼在巴塞罗那斗牛场上空的钢索上发射大炮。

品质：_____

（4）贝利尼和米瑞在房间中见面。

品质：_____

（5）米瑞和贝利尼在夜晚的钢索上相遇。

品质：_____

书海泛舟 研读

侧面描写的作用：

_____

_____

_____

侧面描写的定义：

_____

_____

_____

_____

品味书香 品读

1. 从贝利尼的角度出发，概括《天空在脚下》的主要内容。

_____

_____

_____

2. 贝利尼为什么会取得成功？

_____

_____

在描写人物时，抓住其动作进行描写，可以突出人物形象、表现人物性格，也可以推动故事情节的发展。同学们回想一下自己熟悉的人具体所做的某件事，他们都用了哪些动作？给你留下了怎样的印象？写一写和其他同学分享。

他人之长：

我的收获：

第一天：
如果米瑞是你的朋友，你想对她说些什么？

第二天：

给爸爸妈妈讲讲米瑞的故事，在家长的协助下录一个小视频并上传。

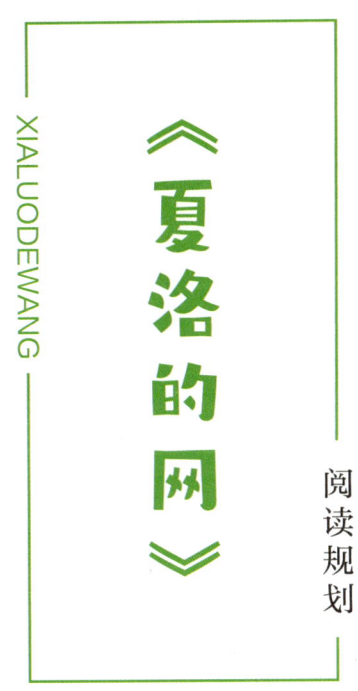

《夏洛的网》阅读规划

1 《夏洛的网》整体悦读

● **学习重点**

借助"五看"法，引导学生整体感知小说的大概内容。

● **以文育人**

友谊如一缕春风，温暖我们的心房。

2 《夏洛的网》专题速读

● **学习重点**

通过主要故事情节，感受主要人物鲜明的个性特点。

● **以文育人**

友情之花需要用心呵护，用爱浇灌。

3 《夏洛的网》定向精读

● **学习重点**

学习细节描写，感悟人物形象。

● **以文育人**

思考生命的价值，理解生命的意义。

1 《夏洛的网》整体悦读

爱弟

丁生有弟,甚爱之。一日,弟疾,卧床不能起。丁生暇时,辄坐床前。为弟讲故事、唱歌曲,以解其闷。及疾愈,始已。

——《共和国教科书新国文(初小)》(天津古籍出版社 2013 年版)

1. 仔细观察封面，说一说封面上都有什么。

2. 作者：_____，全名为_____。他是20世纪_____国著名的_____家、_____家。

这本书的翻译者是_____。

3. 快速浏览人"物"表，猜一猜封面上的人"物"分别叫什么名字？会发生什么样的故事？

4. 认真阅读故事简介，用一句话概括故事内容。

1. 阅读下面这段文字，概括谷仓的特点。

谷仓很大。它很旧了。里面有干草的气味，有肥料的气味。里面有干活累了的马的汗味，有吃苦耐劳的母牛的极好闻的气息。谷仓让人闻上去感到天下太平，什么坏事都不会再发生。它充满了谷物、马具套、车轴油、橡胶靴和新绳索的气味。如果猫叼着给它的鱼头到这儿来享受，谷仓里还会多股鱼腥气。不过最强烈的是干草气味，因为谷仓上面的阁楼里一直堆着干草。总是有干草给扔下来喂牛、喂马、喂羊。

_____

_____

2. 找一找下面的文段中描写了哪些景物，并概括景物的特点。

在雾天的早晨，夏洛的网真是一件美丽的东西。这天早晨，每一根细丝点缀着几十颗小水珠。网在阳光中闪闪烁烁，组成一个神秘可爱的图案，像一块纤细的面纱。连对美不太感兴趣的勒维来给小猪送早饭时，也不由得注意到这张网。他注意到它有多么显眼，他注意到它有多么大，织得有多么精细。他再看一眼时，看到了一样东西让他不觉放下桶子。瞧，在网中央，整整齐齐地织着几个大字，这是一句话。它写的是：王牌猪！

景物：_____

特点：_____

品味书香 品读

第二天下雨，天色阴沉沉的。雨水落在谷仓顶上，不停地从屋檐上滴落下来；雨水落到谷仓院子里，弯弯曲曲地一道一道流进长着蓟草和藜草的小路；雨水噼噼啪啪地打在朱克曼太太的厨房窗上，咕咚咕咚地涌出水管；雨水落在正在草地上吃草的羊的背上。羊在雨中站累了，就沿着小路慢慢地走回羊圈。

上面是一段优美的环境描写。快速浏览全书，再找出三处环境描写的文段。

1. _____

_____

_____

2. _____

3. _____

　　一股温暖的气流轻轻地穿过谷仓底。空气中有潮湿的泥土香味,有云杉树的香味,有甜蜜的春天气息。蜘蛛娃娃们感觉到温暖的上升气流。一只小蜘蛛爬到栅栏的顶上。接着它做出一件让威尔伯大为吃惊的事。那小蜘蛛倒过头来竖蜻蜓站着,把吐丝器指向天空,吐出一蓬漂亮的丝。这些丝成了一个气球。

　　上面的文段生动形象地向我们描绘出春天清晨谷仓的景象。季节变化、风霜雨雪、山川湖海、森林原野……总会有一处优美的景色让你念念不忘,拿起你的笔也写一段吧!(100字左右)

他人之长：

我的收获：

第一天：

速读"早饭前"相关内容，想一想，费恩是个怎样的小女孩？（别忘了上传你的想法哦！）

第二天：

通读"小猪威尔伯"相关内容，说一说小猪威尔伯是什么样的状态。（记得上传你的发现哦！）

第三天：

阅读"逃走"相关内容，找一找小猪威尔伯的动作描写并摘抄到读书卡上。（把你的读书卡拍照上传吧！）

《夏洛的网》阅读规划

第四天：

精读第 4 章 "孤独"，想一想，威尔伯的心情是怎样的？思考威尔伯的心情状态与之前有什么不同。写一写威尔伯的心里话吧，100 字左右。（记得上传你的佳作！）

第五天：

品读第 5 章 "夏洛" 和第 7 章 "坏消息"，你认为夏洛是一只什么样的蜘蛛？小猪威尔伯听到坏消息后，会是什么反应？（记得上传你的发现！）

2 《夏洛的网》专题速读

朗读

风

[苏联] 伊萨柯夫斯基

它小心谨慎
从侧门走出，
顺着屋顶跑过，
轻弹了几下窗户。

它把樱桃枝
拨弄，轻拂，

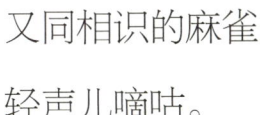

又同相识的麻雀

轻声儿嘀咕。

振起年轻的翅膀

多么轻松自如，

它同灰尘竞赛

不知又飞向何处。

——《日有所诵 小学四年级》（广西师范大学出版社2017年版）

1. 开动脑筋想一想，下面的句子说的是谁？

（1）它天真可爱，在朋友的帮助下，逃避了杀身之祸，本是头落脚猪，最后却快快乐乐度过一生。　　　　　

（2）它无论做什么事儿，都只想到自己，把大部分时间花在吃、啃、窥视、躲藏上面。　　　　　

（3）她是个善良的小姑娘，能懂动物们的心。她曾经成功地说服了爸爸，救了威尔伯。　　　　　

（4）它充满智慧，一次又一次，用自己织的网，救了好朋友威尔伯。　　　　　

2. 浏览下面的插图，描述一下你看到的画面并猜测发生了什么事。

3. 根据你的了解，你觉得小猪威尔伯生活得怎样？

 研读

1. 默读下面的文段，想一想，来到新家的威尔伯，心情是怎样的？

"在这里什么事也不能做，"它想。它慢慢地走到它的食槽边，用鼻子闻闻，看有没有中午时吃漏的东西。它找到一小块土豆皮，把它吃了。它觉得背痒，于是靠着围栏，在栏板上磨蹭它的背。磨蹭够了，它又回到屋里，爬到肥料堆上，坐下来。它不想睡，不想刨地，它站厌了，也躺厌了。"我还没活到两个月，可已经活腻了，"它说。它又走到外面的院子里。

"来到外面，"它说，"除了进去再没有地方可去。回到里面，除了出去也再没有地方可去。"

2. 逃跑失败又回到猪圈后，威尔伯最需要的是什么？

"你在外面吗，坦普尔顿？"威尔伯叫道。没有回答。威尔伯一下子感到孤独了，一个朋友也没有。

"天天一个样，"它抱怨说，"我太小，在谷仓这儿我没有真正的朋友，雨要下一整个上午一整个下午，天气这么坏，弗恩不会来了。噢，天啊！"威尔伯又哭了，两天当中这是第二回了。

_____

_____

 品读

1. 阅读下面的文段，想一想，初识夏洛时，小猪威尔伯是什么样的心情？它觉得夏洛是一只怎样的蜘蛛？

"好了，"它心里说，"我终于有一个新朋友了，错不了。可这友谊多么冒风险啊！夏洛凶狠、残忍、狡诈、嗜血——样样都不是我喜欢的。我怎么能学会喜欢它呢？哪怕它好看，当然，又聪明？"

找到一个新朋友，在喜悦之外，常常会同时有一些疑惑和恐惧，可威尔伯却只感受到了疑惑和恐惧。

_____

_____

2. 阅读"坏消息"相关内容，回答问题。

（1）这个"坏消息"到底是什么？

_____

_____

（2）知道了"坏消息"的威尔伯是什么反应？是谁说要救它？

_____

_____

威尔伯与夏洛的故事,有没有让你对友谊有了更深刻的理解?动笔写一写你对友谊的理解吧!

他人之长:

我的收获:

开卷有益 自读

第一天:

读第11章"奇迹",找一找,夏洛创造了一个什么奇迹?(别忘了上传你的答案哦!)

第二天：

速读第 13 章 "进展顺利"，想一想，夏洛是怎样救威尔伯的？用几句话概括一下吧！（记得上传你的答案哦！）

_____

_____

第三天：

通读第 18 章 "凉爽的晚上"，朗读夏洛与威尔伯的对话。（记得上传你的音频哦！）

第四天：

默读第 21 章 "最后一天" 夏洛与威尔伯的对话，你从中感受到了什么样的情感？（记得上传你的答案哦！）

_____

_____

第五天：

你认为夏洛有什么样的性格特点？从哪些句子或段落能够感受出来？（记得上传你的答案哦！）

性格特点：_____

依据的句子或段落：_____

3 《夏洛的网》定向精读

山

地面有山，或一峰独立，耸入云际。或数峰相连，千里不绝。山之大者，草木生之，禽兽居之；而金、玉、煤、铁之属，又产于其中。诚无穷之利也。

——《共和国教科书新国文（初小）》（天津古籍出版社2013年版）

1. 在第 11 章 "奇迹"中，夏洛创造了什么奇迹？

2. 夏洛为什么要创造这个奇迹？

3. 概括夏洛创造奇迹的过程。

4. 通过夏洛创造的奇迹，威尔伯的命运发生了怎样的变化？

1. 通过阅读描写夏洛深夜织网的文段，你能感受到夏洛什么样的性格特点？

深夜，当其他动物睡觉时，夏洛还在它的网上干活。它首先拆掉靠近中心的几根圆线，留下辐线支撑整张网。它这样工作，八条腿帮了大忙。它的牙齿也帮了忙。它爱结网，是结网的专家。等到它把不要的线拆掉，它的网就成了这个样子……

于是它重新爬到网顶，在第一个字右边，离开一点，开始吐丝，横过去，向左角斜下去。它又重复了一遍，让这个字成了双线……它的八条腿帮着忙，忙个没完。

2. 阅读第三次织网前威尔伯与夏洛的对话，你又看到了一个什么样的夏洛？

"真的，"威尔伯说，"我觉得眼睛都发光了。"

"是吗？"夏洛说，充满爱意地看着它，"说实在的，你是只好小猪，你会光彩照人的。这件事我现在越陷越深，一不做二不休，我要把它做到底。"

3. 听听夏洛的心声，你还能感受到夏洛什么样的性格特点？

"你一直是我的朋友，"夏洛回答说，"这件事本身就是一件了不起的事。我为你结网，因为我喜欢你。再说，生命到底是什么啊？我们出生，我们活上一阵子，我们死去。一只蜘蛛，一生只忙着捕捉和吃苍蝇是毫无意义的，通过帮助你，也许可以提升一点我生命的价值。谁都知道人活着该做一点有意义的事情。"

从书中找出三处描写小猪威尔伯的句子或段落，从中你能够感受到威尔伯什么样的性格特点？

1. 原文：_____

性格特点：_____

2. 原文：_____

性格特点：_____

3. 原文：_____

_____

_____

性格特点：_____

写读联动 创读

用思维导图的形式梳理《夏洛的网》故事内容。（角度不限）

书韵悠长 鉴读

他人之长：

我的收获：

_____

_____

第一天：

结合书中人物的特点，画一画你心中的夏洛与威尔伯吧。（记得上传你的佳作哦！）

第二天：

观看电影《夏洛的网》，看完后找一找还有哪些和友谊有关的故事，把你搜集到的故事讲给你的朋友听吧！

1 《中国古代神话》整体悦读

● 学习重点

掌握神话故事整本书阅读的基本方法。

● 以文育人

体会远古时期的自然之美以及英雄人物之伟大。

2 《中国古代神话》专题速读

● 学习重点

概括远古时期英雄人物的特点。

● 以文育人

敬畏自然，热爱生命。

3 《中国古代神话》定向精读

● 学习重点

概括人物的性格特点，体会神话故事所传达的伟大精神。

● 以文育人

感悟并学习神话故事所蕴含的不屈不挠的民族精神。

1 《中国古代神话》整体悦读

书声朗朗 朗读

风

叶圣陶

谁也没有看见过风，
不用说我和你了。
但是树叶颤动的时候，
我们知道风在那儿了。

谁也没有看见过风，
不用说我和你了。
但是林木点头的时候，
我们知道风正走过了。

谁也没有看见过风，
不用说我和你了。

但是河水起波的时候,

我们知道风来游戏了。

——《日有所诵 小学四年级》(广西师范大学出版社 2017 年版)

1. 浏览目录。

写出五个关于创造的神话故事:＿＿＿＿＿＿＿＿＿＿＿

＿＿＿＿＿＿＿＿＿＿＿＿＿＿＿＿＿＿＿＿＿＿＿＿＿＿＿

＿＿＿＿＿＿＿＿＿＿＿＿＿＿＿＿＿＿＿＿＿＿＿＿＿＿＿

写出五个英雄人物:＿＿＿＿＿＿＿＿＿＿＿＿＿＿＿＿＿

＿＿＿＿＿＿＿＿＿＿＿＿＿＿＿＿＿＿＿＿＿＿＿＿＿＿＿

2. 请在目录中找出插图所描绘的故事,写在插图下面的横线上。

3. 请在延伸阅读中摘录一句你喜欢的名言。

_____

_____

1. 默读以下两段文字,并回答问题。

他不管三七二十一,抓起斧头向"大鸡蛋"砍去,只听得轰隆一声巨响,"大鸡蛋"被砍出了一条大裂缝,顷刻间,耀眼的光芒从裂缝中射了进来。这时,"大鸡蛋"中一些轻而清的东西冉冉上升,变成了天;另外一些重而浊的东西慢慢下沉,变成了地。

……

同时,他也发现头顶的黑暗已经变成了湛蓝色的天空,脚下也已经变成了黄褐色的大地,世界变得清晰无比,天地已经不会再合拢了。

(1)请大胆想象,简要描述你脑海中的画面。

_____

_____

_____

(2)请写出体现本段文字生动形象的词语:_____

_____

_____

2. 默读以下文字,边读边想象,感受自然之美,并写出文中描写的景物。

女娲飞行在这莽莽的原野上空,放眼四周,山岭起伏,江河奔流,丛林茂密,花草葱茏,百鸟飞鸣,群兽奔驰,鱼儿嬉戏。

文中描写的景物有:_____

1. 精读以下文字,概括精卫填海的精神。

精卫十分执着,在高空中答复大海:"你既然能夺去我的生命,将来也会夺去其他无辜的生命。我要永无休止地干下去,哪怕是干上一千万年,一亿年,干到宇宙的尽头,世界的末日,我也要把你填平!"

精神:_____

2. 找出其他两段能表现主人公精神品质的文字。

(1)原文:_____

_____

_____

上面的文字体现了主人公_____的品质。

(2)原文:_____

_____

_____

上面的文字体现了主人公_____的品质。

读故事，制作读书卡。

1.

2.

3.

 鉴读

他人之长：

我的收获：

开卷有益 自读

第一天：

速读《燧人氏钻木取火》，朗读描写燧人氏取火种过程的文字。（记得上传你的音频哦！）

第二天：

通读《杜康酿酒》的故事，找出文中的比喻句，并抄写在读书卡上。（记得上传你的读书卡哦！）

第三天：

精读《方雷氏与梳子》，找一找，方雷氏仿照什么造出了梳子？（记得上传你的答案哦！）

第四天：

研读《仓颉创字》，将仓颉造字的过程画成思维导图。（记得上传你的作品哦！）

第五天：

选取你喜欢的一篇神话，将它讲给你周围的人听。（记得上传你的音频哦！）

2 《中国古代神话》专题速读

鹦鹉

架上鹦鹉,白毛红嘴,时学人言。有猫缘柱而上,举爪将攫之。鹦鹉惊呼曰:"猫来,猫来。"童子闻声趋至,猫急遁去。

——《共和国教科书新国文(初小)》(天津古籍出版社2013年版)

(一)看宇宙万物

1.请简要概括故事的经过。

(1)盘古开天辟地：

(2)女娲造人：

2.请简要叙述下列事物的创造过程。

(1)汉字：

(2)酒：

(3)梳子：

(二)看英雄人物

1.神农为百姓做出的贡献有：

2.有关舜的故事有：

（三）感美好品质

写一写下列人物所具有的美好品质。

燧人氏：_____

仓颉：_____

舜：_____

1. 默读以下文字，并回答问题。

这天，他走出家门散心，正巧看见两根树枝之间，有一个蜘蛛吐丝结成的网，那些蚊子啊，苍蝇啊，都被蜘蛛网给网住了，逃脱不得，蜘蛛因此获取了美味的食物。见到这个情景，伏羲脑海里蹦出了一个主意。他赶紧上山找了一些葛藤，用来编了一张网，像蜘蛛结网那样；然后找来两根木棍，将它们呈"十"字绑在网上；最后拿来一根长棍，把长棍的一端绑在"十"字的中心位置。一个捞网做成了。

他把网放进河里，手握长棍在岸边静静等待。过了一会儿，他把捞网往上一提，网里净是活蹦乱跳、又肥又大的鱼。他高兴极了，连忙回家去，把这方法传授给大家。从此以后，人们就都用网来捕鱼了。

（1）看到蜘蛛结网，伏羲受到了什么启发？

_____

（2）找出伏羲发明捞网过程中的动词。

_____

（3）在伏羲发明捞网的过程中，观察、思考、实践哪一个更重要？为什么？

_____

_____

2. 默读以下文字,回答问题。

为了寻找药草,神农曾经在一天内中毒七十次。那段经历他毕生难忘。当时,他喘不过气,还感到喉咙刺痛,就像被带刺的藤蔓勒住了脖子,身体一时冷得像泡在冰水里,一时热得像被火灼烧;神志不清,总能听见有人惨烈地呼救,可无论怎么使劲,都爬不起来去救人,痛苦万分。可他凭着顽强的意志,最后还是坚强地站了起来。他让随行的人帮他防着狼蛇虎豹,而自己就凭着对植物的敏锐直觉,不断地品尝各种各样的药草。每品尝一种,他都要详细地记录下药草的药性、气味、服用效果等,据此判断每种药草分别适用于治疗什么病。

神农在山上一共尝出了三百六十五种药草,写成了《神农本草经》。为了治疗更多的疾病,神农依旧不停地找寻和品尝其他药草。有一天,他在品尝一种攀缘在石头上、在石缝中开出小黄花的藤状植物时,把它的花和茎都吃到了肚子里,没过多久就感到肚子钻心的痛,好像肠子断裂了一样。最后,神农没能顶住,被这种草毒死了,人们为神农的逝世伤心不已。后来,人们给这种草起名断肠草。

(1)神农的精神品质:＿＿＿＿＿＿＿＿＿＿＿＿

(2)你的感受:＿＿＿＿＿＿＿＿＿＿＿＿＿＿＿

1. 请概括下面文字传达出的禹的精神品质。

起初,他像父亲一样,采取了堵的办法来治水。可他发现,被息壤截堵的洪水越积越多,威力变得更大,很快就把堤坝冲破了。试了多次之后,他终于醒悟过来:"光堵是不行的,该堵的要堵,该疏导的也要疏导。"要想厘清哪里需要堵,哪里需要疏导,还得先清楚地了解地形、地势,以及河道的走向和水势。所以,他亲自巡视各地河川山岗,还派人丈量大地。

禹的精神品质:＿＿＿＿＿＿＿＿＿＿＿＿＿＿

2. 概括杜康的精神品质。

（1）原文：_____

_____

（2）杜康的精神品质：_____

写读联动 XIEDULIANDONG 创读

将你喜欢的故事情节，用思维导图呈现出来吧！

书韵悠长 SHUYUNYOUCHANG 鉴读

他人之长：_____

我的收获：_____

第一天：

速读《刑天舞干戚》，有感情地朗读黄帝战胜刑天的过程。（记得上传你的音频哦！）

第二天：

通读《共工怒触不周山》，积累文中的四字词语。（记得拍照上传哦！）

第三天：

品读《黄帝战蚩尤》，试着总结黄帝的性格特点。（记得将你的答案上传哦！）

第四天：

研读《羿射九日》的故事，根据文中描述，将天空中有十个太阳时人间的场景画出来吧。（记得上传你的佳作哦！）

第五天：

阅读《嫦娥奔月》的故事，想象嫦娥奔月的场景。联系实际，了解我国在航天领域实现"嫦娥奔月"的伟大历程，感受中华民族伟大的创新精神。（记得上传你查找的信息哦！）

"嫦娥奔月"的伟大历程：

3 《中国古代神话》定向精读

🔊 书声朗朗 朗读

根

牛汉

我是根,
一生一世在地下
默默地生长,
向下,向下……
我相信地心有一个太阳。

听不见枝头鸟鸣,
感觉不到柔软的微风,
但是我坦然
并不觉得委屈烦闷。

开花的季节

我跟枝叶同样幸福，

沉甸甸的果实，

注满了我的全部心血。

——《日有所诵 小学四年级》（广西师范大学出版社2017年版）

1. 请将人物和特点进行连线。

黄帝　　　　　　　凶悍勇猛

　　　　　　　　　不顾大局

蚩尤　　　　　　　仁爱智慧

2. 概括人物的性格特点。

后羿：_____

逢蒙：_____

1. 默读以下文字，回答问题。

　　黄帝没有气馁，重整旗鼓与蚩尤再战。对阵之时，黄帝一马当先，领兵冲入蚩尤阵中。蚩尤这次亲自上阵，施展法术，喷烟吐雾，使黄帝的军队迷失了方向，阵脚大乱。就在这千钧一发的时刻，黄帝猛然抬头看到了天上的北斗七星，每一年，北斗七星都会绕着北极星转动一周。他灵机一动，根据这个现象发明了指南车，认定了一个方向，带领军队冲出了重围，化险为夷。

（1）找一找，黄帝的智慧体现在哪里？

_____

_____

（2）大胆想象战斗的场景，概括战斗的特点。

2. 默读以下文字，回答问题。

不可一世的共工见大势已去，不由得又羞又恼，便想一死了之，一头撞向了不周山。这一撞，力道极大，只听得轰隆一声巨响，不周山被撞成了两段，顿时崩塌。

共工命大，没有撞死，日后还到人间捣乱。可这不周山一倒，整个宇宙都被震动了。原来，这不周山是将天地分开的擎天柱，经水神共工这么一撞，天上露出了一个大窟窿，地上裂开了纵横交错的一道道深坑。霎时间，山林燃起烈火，地底喷涌出洪水，四处逃窜的人类和鸟兽虫鱼有意无意地互相残害。这时候的世界，火焰裹挟着哀号蔓延八方，巨浪交杂着血泪席卷大地，简直是人间炼狱。

（1）试着总结共工的性格特点。

（2）请简述不周山倒后，宇宙变成了什么样子。

仔细品味，体会民族精神

1. 鲧心里挂念着饱受洪水侵害的百姓，便趁守卫一时大意，偷走了息壤。一回到人间，他就将息壤往水里撒去。息壤果然迅速地增加，速度跟洪水暴涨的速度不相上下。很快，洪水就被围了起来。水被堵住了，住到洞里和树梢上的人们纷纷跑了出来，高兴得欢呼雀跃起来。

可是，安稳的日子没维持多久。鲧偷取息壤的事，很快就被天帝知道了。天帝大发雷霆，当即派火神祝融到凡间去惩治鲧。鲧敌不过祝融，在羽山被捕杀，死时还惦记着苦难中的百姓。

以上文段蕴含了_____的民族精神。

2. 伏羲一有空闲，就会盘腿坐在卦台山的山顶，苦思冥想，希望能发现蕴藏在大自然中的奥秘，琢磨出造福万民的好法子。他抬头观察日月星辰的变化，低头思索出山川风物的发展规律，长年累月、风雨无阻地坚持着。

有一天，伏羲正坐在八卦台的山顶思考时，忽然听到了一阵洪亮而奇怪的吼叫声……

……伏羲感到好奇，又见它温驯，便走近去看。他在龙马背上发现了一些奇特的图案，便仔细地观察起来。

……

伏羲认为，这图案是上天给他的启示。从这天起，他结合自己对万事万物的观察，认真地研究树叶上的图案，最终绘制了一幅八卦图。

以上文段蕴含了_____的民族精神。

3. "听说有个名叫舜的年轻人，品行很不错。他在历山耕地，历山的农人受了他德行的感化，都争着把自己的田地让给有需要的人；他到雷泽打鱼，雷泽的渔夫也受了他的影响，人人互相谦让，和睦相处。"

另一位首领补充道："我们还听说，他到河滨去做陶器，手艺非常好，而那河滨陶工做的陶器比从前更美观、更耐用了。"

又一位首领上前说："舜很招人喜欢，大家都喜欢挨着他住。他住的地方，即使原先是片荒地，也会慢慢聚集很多人，一年过去就会成为小小的村庄，人人都过得很幸福快乐。"

以上文段蕴含了_____的民族精神。

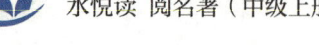

1. 默读清代顾炎武的《精卫》，体会其中蕴含的精神：_____

2. 结合本书的神话故事，选择一首和神话有关的诗词或歌词，抄写下来吧。

他人之长：

我的收获：

搜集、欣赏和中国古代神话有关的诗词、歌曲、图画。

第一天：

观看一个和黄帝相关的视频，体会黄帝仁爱百姓的高尚品质，说说你的感受。（记得上传你的音频哦！）

第二天：

观看某个事物（如酒、梳子、汉字）来源的视频，学习创造过程中善于观察、乐于思考、勤于实践的美好品质，谈谈你对创造的理解。（记得上传的音频哦！）

《希腊神话故事》阅读规划

1 《希腊神话故事》整体悦读

● 学习重点

了解希腊神话的动人传说,能够梳理故事的起因、经过和结果。

● 以文育人

神话在古人心中像一座明亮的灯塔,指引人前行。

2 《希腊神话故事》专题速读

● 学习重点

把自己代入故事,感受神话故事神奇的想象和鲜明的人物形象。

● 以文育人

与英雄对话,在神话中汲取营养。

3 《希腊神话故事》定向精读

● 学习重点

感受希腊神话的宏大气魄,创编神话故事。

● 以文育人

英雄人物,伟大精神;光辉历史,照耀未来。

1 《希腊神话故事》整体悦读

朗读

黄豆

　　黄豆,茎高数尺。开白花,荚长寸余,含豆二三。其初色青,后渐黄。为用最大。或榨油,或造酱。所余渣滓,既可饲畜,又可肥田。

　　　　　　——《共和国教科书新国文（初小）》（天津古籍出版社2013年版）

 速读

1. 观看视频，简要叙述故事要点。

_____

_____

2. 看彩页，说一说彩页中共有_____位神。

 研读

1. 速读以下两段文字，回答问题。

远古的时候，在爱琴海上一个名叫萨摩特剌刻的岛上住着两兄弟：伊阿西翁和达耳达诺斯。他们是宙斯（希腊神话中的主神。他威力无边，能随意降祸赐福，并掌管雷电云雨，是诸神和人类的主宰。阿波罗、雅典娜、阿尔忒弥斯等许多神和英雄都是他的子女）和曾勒阿得斯七姊妹之一厄勒克特拉所生的儿子。

翌日他在他的帐篷前面找到了从天上落下来的一幅雅典娜（希腊神话中的智慧女神。她以纺织、缝衣、油漆、雕刻、制作陶器等技艺和战术传授人类。曾与海神波塞冬争夺雅典拥有权，因使大地生出象征和平的橄榄树获胜，遂成为雅典城邦的保护神）女神的圣像。

（1）文段描写的希腊神分别是_____和_____。

（2）他们的职责分别是什么？

_____

_____

2. 阅读文字,回答问题。

他准备把开阔的、还不坚固的特洛伊像城堡一样用墙围起来,使它成为一座真正的城池。那个时候太阳神阿波罗(希腊神话中的太阳神,主神宙斯之子。主管光明、青春、医药、畜牧、音乐、诗歌,并代表宙斯宣告神旨)和海神波塞冬(希腊神话中的海神,宙斯之弟。能呼风唤雨,引起地震)因反抗宙斯而被逐出天庭,他们在下界四处游荡,无家可归。宙斯的意愿是让他们来帮助拉俄墨冬国王建造特洛伊城墙。就这样在城墙刚开始修建时,他们的命运就把他们带到伊利翁的附近。

(1)太阳神的职责:_____

(2)海神的职责:_____

奥林匹斯山上的三位女神迈着轻盈的脚步踏过柔软的,从未被践踏过,也从未被啃食过的草地而来。帕里斯为之一惊,那个带翅膀的使者向他喊道:"不要害怕,女神到你这儿来是让你做她们的裁判。她们选中了你,由你来裁定她们当中谁是最美丽的。宙斯命令你来接受这项仲裁任务,他会保护你并给你帮助!"赫耳墨斯说完就张开双翼,飞出峡谷,消逝而去。

……

当阿佛洛狄忒对帕里斯做出许诺时,她站到了他的面前,束着一条赋予她的妩媚以一种极大魅力的腰带。这时另外两位女神在他的眼中就失去了光彩,她们的美丽变得黯然失色。他昏昏然地将从赫拉手中接过来的金色宝物递给了爱情女神。赫拉和雅典娜愤恨地转过身去,发誓要为这种侮辱向他、向他的父亲普里阿摩斯、向特洛伊进行报复并毁灭一切。尤其是赫拉,她从这个时刻起就成了特洛伊人势不两立的敌人。阿佛洛狄忒却用神的誓言庄严地重申对他做出的许诺,随后她离去了。

《希腊神话故事》阅读规划

1. 结合视频，简述故事概要。

2. 找出"金苹果之战"的起因、经过、结果。

（1）起因：

（2）经过：

（3）结果：

写读联动 XIEDULIANDONG 创读

如果你是一位希腊神，拥有超能力，你会做什么？写写看，150字左右。

书韵悠长 SHUYUNYOUCHANG 鉴读

他人之长：

我的收获：

第一天：

速读第一卷的3、4小节，帕里斯带走海伦后，海洋之神的预言是什么？（记得上传你的答案哦！）

第二天：

精读第一卷的5、6小节，海伦被劫后，通过希腊王室家族的做法，你是否认为海伦是特洛伊战争的导火索？把你的见解讲给家长听。（记得上传你的音频哦！）

第三天：

品读第二卷的1、2小节，找出在战争中表现阿喀琉斯英勇善战的句子，品味他无所畏惧的品质。（记得上传你的答案哦！）

1. _____

2. _____

第四天：

研读第二卷第7小节，复述帕里斯和墨涅拉俄斯这场战争的经过和结果。（记得上传你的视频哦！）

第五天：

采用批注式阅读法，读第三卷第5、6、7小节，阿伽门农认识到因他的自私而使希腊军连连溃败，谈谈你对"人谁无过，过而能改，善莫大焉"这句话的认识。（记得上传你的音频哦！）

❷《希腊神话故事》专题速读

树

艾青

一棵树，一棵树

彼此孤离地兀立着

风与空气

告诉着它们的距离

但是在泥土的覆盖下

它们的根伸长着

在看不见的深处

它们把根须纠缠在一起

——《日有所诵 小学四年级》（广西师范大学出版社2017年版）

（一）自读检测

你最喜欢哪位神？为什么？这位神具有什么品质？

1. 神：_____

2. 原因：_____

3. 品质：_____

（二）品味精神品质

1. 阅读以下两段文字，回答问题。

"我们的帕特洛克罗斯已经阵亡了，他们在为争夺他那赤裸裸的尸体而战，铠甲已被赫克托耳剥走。"阿喀琉斯一听到这个噩耗，眼前变得一片漆黑。他用双手抓起黑色的尘土撒向他的头、他的脸和他的衣服。随后他躺倒在地上，可怕地喊叫起来。这哭泣的声音直传到海底深处他母亲忒提斯那里。

……

终于阿喀琉斯沉重地叹息说："母亲，帕特洛克罗斯已经死，这对我还有什么用呢？我爱他就像爱自己的脑袋一样！我的那副精美的铠甲，就是众神在你的婚礼上送给珀琉斯的那件礼物，已被杀害帕特洛克罗斯的凶手赫克托耳从身上剥走……若是赫克托耳不被我的长矛刺穿，为我的帕特洛克罗斯的死赎罪的话，我的心不允许我活下去！"

（1）阿喀琉斯知道朋友死去的消息后，作者对他进行了哪些动作描写？

_____

（2）这些动作描写展现了阿喀琉斯什么样的心情？

_____

（3）此时的心情体现了阿喀琉斯的哪种精神品质？

_____

2.速读文字，回答问题。

阿喀琉斯越来越近，他像战神一样威严可怕。他右肩上的白蜡木杆长矛在颤动，他的铠甲在他四周熠熠闪亮。赫克托耳一看到他，便不由自主地浑身战栗。他无法再静止不动，他转过身朝城门奔去，但阿喀琉斯如一只扑向鸽子的雄鹰般追了过来。赫克托耳沿着特洛伊城墙，顺着车道逃跑，越过斯卡曼德洛斯河的两股咆哮的源头——一个是冷水一个是热水——围着城墙跑个不停。一个强者在逃，一个更强的人在追，他们围着普里阿摩斯的城墙跑了三圈。众神都在奥林匹斯山上紧张地观望这场战斗。

（1）请找出文段中的比喻句。

（2）该比喻句表现了阿喀琉斯什么品质？

默读以下文字，回答问题。

宙斯派他的使者女神伊里斯带着自己的指示进入普里阿摩斯的城市……这时宙斯的使者突然出现在国王面前，她轻声地低语，这使他的四肢一阵颤抖。她说："你要镇静，达耳达诺斯的后代！不要沮丧，我通知你的不是坏消息。宙斯可怜你，他吩咐你到阿喀琉斯那儿去，向他献上礼品，赎回你儿子的尸体。你单独去，除了一个年老的使者，不要任何一个特洛伊人的陪伴。他用骡车把你送去，然后把你和死者一同载回城内。你既不要怕死，也不要惊恐。宙斯派赫耳墨斯去保护你，他会带你去见阿喀琉斯。"

1.宙斯派谁和普里阿摩斯一同去？

2. 他们去见阿喀琉斯的目的是什么?

3. 根据人物关系,制作思维导图。

精读以下两段文字,回答问题。

你们最好是想出一个计策,来使你们达到目的。听我说,我昨天想到了一个迹象:一只老鹰追逐一只鸽子,可鸽子躲进一个崖石的石缝中间逃避捕杀。老鹰长时间恼火地守候在石缝前面,可那只鸽子就是不出来。这时老鹰藏到近处的草丛中间,鸽子就愚蠢地又钻了出来,老鹰扑向这个可怜的小家伙,毫不留情地把它攫住。"

……

这时奥德修斯想出来一个计策。"朋友们,让我们造一个巨大的木马,"他喊道,"我们的最勇敢的英雄藏到它那空空的肚子里。其余的人在这期间乘船撤到特捏多斯岛去,此前把所有留在军营中的东西都烧掉,这样特洛伊人从城墙上看到这种情形就会毫不戒备地来到这里。在我们中间要有一个特洛伊人不认识的勇敢的人,他留在木马外边,走向他们,说自己是一个逃跑者,并告诉他们,希腊人为了返乡要把他杀死来祭神,可他摆脱掉了希腊人的这种罪恶的行径。这木马是献给特洛伊人的敌人雅典娜女神的,他就是藏在木马下面,直到他的敌人动身之后才爬了出来。

1. 哪些语句体现了神话的奇特想象?

2. 简要画出特洛伊木马的结构。

 创读

选择一个生活中你喜欢的人,写一小段文字,表现他(她)的性格特点,150字左右。

 鉴读

他人之长:

我的收获：

第一天：

泛读第四卷第1小节，在文中找一找阿喀琉斯重新武装去战场的场景描述。（记得上传你的答案哦！）

第二天：

精读第四卷第5小节，找出哪些神支持希腊军队。（记得上传你的答案哦！）

第三天：

品读第四卷第6、7小节，根据赫克托耳战死的场景，谈谈你对他的认识。（记得上传你的音频哦！）

第四天：

研读第五卷第5小节，讲述帕里斯死去的经过和结果。（记得上传你的音频哦！）

第五天：

阅读第五卷第7小节，复述特洛伊城毁灭的过程；联系实际，说一说怎样珍惜现在和平美好的生活。（记得上传你的音频哦！）

3 《希腊神话故事》定向精读

书声朗朗 朗读

湖

四面陆地，水潴其中，小者曰池，大者曰湖。湖水深阔，巨舟可以往来。水中产鱼、虾，多菱、藕。而灌田尤便。故湖滨之田，收获恒丰。

——《共和国教科书新国文（初小）》（天津古籍出版社2013年版）

悦读导航 速读

1. 观看影视片段，想一想，视频讲的是哪个故事？

2. 速读下面文字，回答问题。

国王哀叹地从塔楼上走下来，提醒城墙的守卫者："打开城门，让所有逃命的士兵都进入城内，阿喀琉斯快接近他们了，我怕会出现一个很糟的结局。"守城的士兵把门闩撤下，大门分向两边，一条救命之路敞了开来。

特洛伊人灰头土脸地穿过田野向城里逃命，阿喀琉斯手执长矛像个疯子似的在后面追赶……他在思忖，并自言自语说："是谁在追赶你？难道他不也是一个像其他人一样的普通人吗？"他镇静下来，等待冲过来的阿喀琉斯。他举起盾牌，挥动投枪，朝阿喀琉斯喊道："蠢人，你不要想这么快就毁灭特洛伊人的城市……"说着他的投枪就击中了阿喀琉斯的锡制的护膝，可投枪被弹落了。

作者如何从正面和侧面描写战争的宏大气魄？

（1）正面：_____

（2）侧面：_____

3. 图文结合，回答问题。

午夜时分，雅典娜托梦给希腊英雄厄珀俄斯，吩咐这个心灵手巧的人去建造这个硕大无朋的木马，并答应帮助他尽快完工。

翌日清晨，人们立即动工，在雅典娜的帮助下，三天就完成了。全军都为这位艺术家的杰作而惊叹，他把这个木马造得如此惟妙惟肖。厄珀俄斯向上苍举起双手并祷告说："伟大的雅典娜，请保佑你的木马，请保佑我，崇高的女神！"所有希腊人也一同为之祈祷。

（1）找出表现木马高大的词语：_____

（2）将残酷的古希腊战争与现在的美好生活对比，你有什么感悟？

 研读

1. 阅读以下文字，回答问题。

阿伽门农向密刻奈——他妻子克吕泰涅斯特拉那里派去一名信使，命令她把女儿伊菲革涅亚送到奥利斯供差遣听用。为了使他的妻子听从这项命令，他找了个借口，说女儿在军队抵达特洛伊海岸之前应该同珀琉斯的年轻儿子，英俊的佛堤俄提斯的王子阿喀琉斯订婚。这时阿喀琉斯与得伊达弥亚秘密结合一事尚不为人所知。

信使刚一出发，阿伽门农心中的父爱就又占了上风。他为忧愁所折磨，为这个轻率的决定和而悔恨。就在当晚他喊来一个年老的亲信，让他送一封写给妻子克吕泰涅斯特拉的信。他在信中告诉妻子，不要把女儿送到奥利斯，他这个做父亲的有了另一个想法，婚期必须推迟到明年春天。

（1）找出描写阿伽门农心理活动的语句。

（2）请简要概括阿伽门农的思想品质。

2. 阅读文字，回答问题。

阿喀琉斯敬畏地把跪在他面前的王后从地上扶了起来，并说道："放心吧，王后！我是在一个虔诚的、乐于助人的家庭里长大的，在喀戎的炉边学到了朴实的、纯贞的思想。如果阿特柔斯的儿子们领我走向光荣之路，那我乐于服从他们，但我不会服从卑鄙的命令。因此我要保护你的女儿，尽我一个年轻人的双臂所能做到的，她一度被称为是我未来的妻子，我绝不让她被她的父亲杀死。如果这个捏造出来的婚姻置这个孩子于死地，我觉得我也不是无罪的；如果我允许你的丈夫借用我的名义来杀害他自己的女儿，那我就成了这支军队中最最胆小的坏蛋，成了一个罪犯。"

（1）简要概述阿喀琉斯的精神品质。

（2）写写你受到的启发。

 品读

对比中国古代神话和古希腊神话，回答问题。

1. 黄帝和宙斯处理事情的方式有什么不同？

（1）黄帝：

（2）宙斯：

2. 总结一下中国神话和希腊神话的相同点和不同点。

相同点：

不同点：

 创读

如果特洛伊国王识破了木马计策，又会是怎样的结果？展开想象进行创写，150字左右。

他人之长：

我的收获：

观看电影《特洛伊》，写下你的观后感，150字左右。（记得上传你的答案哦！）

《鼹鼠的月亮河》阅读规划

1 《鼹鼠的月亮河》整体悦读

● 学习重点

学习边读、边想、边猜的读书方法,增强童话阅读的快乐感。

● 以文育人

感受友情的可贵。

2 《鼹鼠的月亮河》专题速读

● 学习重点

感受人物的形象特点,体会主人公的精神品质。

● 以文育人

努力奋斗,不向困难低头。

1 《鼹鼠的月亮河》整体悦读

朗读

雪花和樱花

厉风

白色的雪花,
落在红色的樱花上:
"我要把你的血液变冷。"

热情的樱花,
吻着冷酷的雪花:
"我要教你学会爱。"

爱——怎么能拒绝呢?
冷酷的雪花融化了,
融化在樱花的花心里。

——《日有所诵 小学四年级》(广西师范大学出版社 2017 年版)

1. 请认真观察封面,你能从上面得到什么信息?

2. 作者还写了哪些作品?

3. 请翻开目录,看一看全书一共有几章?分别讲了什么内容?

4. 根据情节,边读、边想、边猜。
(1) 鼹鼠爸爸对米加的期望是什么?

(2) 米加和其他的鼹鼠有哪些不同?

(3) 米加与别人都不一样,他的内心会是怎样的?他最渴望什么?

(4) 米加在月亮河边认识了鼹鼠——尼里。猜猜他们之间会发生什么有趣的事情?

(5) 对于米加要发明洗衣机这件事情,米先生、米太太和刺猬先生分别是什么态度?米加会坚持自己的梦想吗?

（6）读一读米加留给尼里的第一封信，你读出了什么？猜一猜尼里看到信后，会想些什么？

（7）米加在黑熊剧场的魔法表演非常成功，成了大明星。你猜猜米加还会继续为尼里发明洗衣机吗？为什么？

阅读下面的文字，你觉得哪段话最美？为什么？

1. 月亮总是很圆，有时候，还会躲进云里；云总是很轻，有时候也会遮住月亮。但是，风一吹，云就飘走了。云和月亮，他们是在捉迷藏吗？

2. 月光还是很温和地洒在河面上，像是给夜晚的月亮河披上了一件金黄色的外套。河水很清很清，脚下光滑的卵石在水和月光的映照下显得很有光泽。

3. 乌鸦们站在树上，清晨的太阳刚刚从远处升起，红彤彤的。阳光照在它们身上，它们黑色的羽毛就像被涂上了一层金色。

4. 落日的余晖映照着黑黢黢的树木，像是给浓浓密密的树披上了一件金色的纱衣。

 品读

1. 请大声朗读米加给尼里的第二封信,你认为米加最在乎的是什么?

2. 猜一猜米加变成乌鸦后可能会发生什么事情?它最后有没有变回鼹鼠?

3. 猜一猜,魔法师咕哩咕不小心把米加变成了乌鸦之后,米加会怎么想?会做什么?

 创读

每个人都有自己的朋友,朋友可以相互倾诉烦恼、分享快乐……

每个人都有自己的梦想,每一个梦想都是美好的……

请在"友情"和"梦想"之间任意选择一个题目,写出属于你的故事吧!

他人之长：

我的收获：

第一天：
将尼里与米加相遇的故事用自己的话讲给爸爸妈妈听。（别忘记把评价上传哦！）

第二天：
请大声朗读米加给尼里的第一封信。（别忘记录制一个小视频上传哦！）

第三天：
和爸爸、妈妈讨论一下，尼里是一个什么样的人？（记得上传你的评价哦！）

第四天：
一边阅读，一边用笔画出你喜欢的句子。（别忘记选择其中三个上传哦！）

第五天：
针对"写读联动"中没写的另外一个题目，简要说说你的认识和体会吧！

2 《鼹鼠的月亮河》专题速读

蟋蟀

秋夜,有蟋蟀鸣于墙下。弟问姊(姐)曰:"蟋蟀口小,鸣声颇大,何也?"姊(姐)曰:"蟋蟀有四翅,振翅发声,非以口鸣也。"

——《共和国教科书新国文(初小)》(天津古籍出版社 2013 年版)

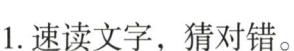

1. 速读文字,猜对错。

请快速阅读下面的文段,看一看每段话描写的人物是否正确?

(1)她的名字叫尼里,是黑色鼹鼠最好的朋友,她穿着花裙子,被青色的小螃蟹夹过脚趾。她送给黑色鼹鼠一块月亮石,那块月亮石很像那一只青色的小螃蟹。她是它们家最小的女儿,每天都要到月亮河边洗衣服,她的朋友为了不让她冬天辛苦的洗衣服就发誓要为她制造洗衣机,一个人去外地寻找发明洗衣机的零件。

(2)他看上去不算很老,瘦瘦的,高高的,衣服显得很宽大。他的头顶已经没有头发了，亮亮的，周围有一些稀疏的卷发紧紧地贴在耳边和后脑，他的头发还没有他的胡子长。在胡子的上面还有一个肉肉的圆鼻子。他就是魔术师咕哩咕。

（3）他不太擅长于说话，一心喜欢红辣椒。在对付老鹰的战斗中，表现得很勇敢，成为了乌鸦的首领。他就是乌鸦黑炭。

（4）他看起来很凶狠，其实很孤独，再一次袭击乌鸦时被魔法师变成了小鸡，他觉得做小鸡很快乐，不想变回原先的自己。他就老鹰铁嘴。

（5）在他的眼里，米加不仅仅是一只鼹鼠，而且还是一只很有个性、很有创意、很独特的鼹鼠。只有他理解米加、信任米加。他就是刺猬先生。

（6）他是最小的一只鼹鼠，不喜欢挖掘，喜欢发明。他为了不让尼里每天那么辛苦的洗衣服，决定发明一台洗衣机。他就是鼹鼠米加。

2. 回忆情节，感受人物特点。

（1）回忆一下，鼹鼠尼里和米加之间发生了什么故事？

（2）回忆一下，刺猬先生和米加之间发生了什么故事？

（3）回忆一下，魔法师咕哩咕和米加之间发生了什么故事？

（4）回忆一下，乌鸦红辣椒、乌鸦黑炭、老鹰铁嘴和米加之间发生了什么故事？

3. 走近米加，体会主人公的精神品质。

（1）米加决定为尼里发明洗衣机，并远走"书城"。你从米加的身上学到了什么？

（2）米加想通过学习魔法来赚钱以购买洗衣机的组装零件，最后发现：魔法终究还是魔法，永远不会让真的变成假的，也不会让假的变成真的；还是应坚持靠自己来发明洗衣机。你从米加的身上学到了什么？

（3）"小鸡铁嘴"说自己不想再做老鹰，而是想一直做一只小鸡的时候，米加对他说："做谁不重要，关键是你想做什么事情。"你从米加的身上学到了什么？

（4）米加终于回到了月亮河，在大家的帮助下成功地发明了洗衣机。从米加的成功经历中，你学到了什么？

阅读下面三段文字，你觉得哪段文字最美？为什么？

1. 草地离河很近，能听到河水流动的声音，还有一些没有名字的小花，在黑夜里开放着，散发出一阵阵淡淡的香味。尼里数着天上的星星：一颗星，孤零零；二颗星，放光明；三颗星，亮晶晶；四颗星……

2. 这里的土地带着一些黄颜色，有一些紧贴着地面的草，有的是绿的，有的是深褐色的。没有树林，只有一棵一棵分散的树木，像孤独的稻草人一样站在空旷的原野上。

3. 这一块块的石头啊，都是从高山一直滚到了这里的。它们被水冲洗得光滑圆润，带着一路的欢乐来到了月亮河。每一块石头都藏着一个美丽的传说。

1. 请你把从书中学到的道理，写到下面的横线处吧！不一定是从一个人的身上，你可以从多个人的身上学到不同的道理。

2. 请认真思考从书中学到的道理，你能应用到学习和生活中吗？

《鼹鼠的月亮河》中有很多有趣的人物，请你选择一个最喜欢的人物，用思维导图的方式，把他的故事和形象特点画出来吧！

他人之长:

我的收获:

第一天:
请大声朗读米加给尼里的第二封信。(别忘记录制小视频上传哦!)

第二天:
将米加成功发明洗衣机的过程讲给爸爸妈妈听,并告诉他们你从中学到了什么。

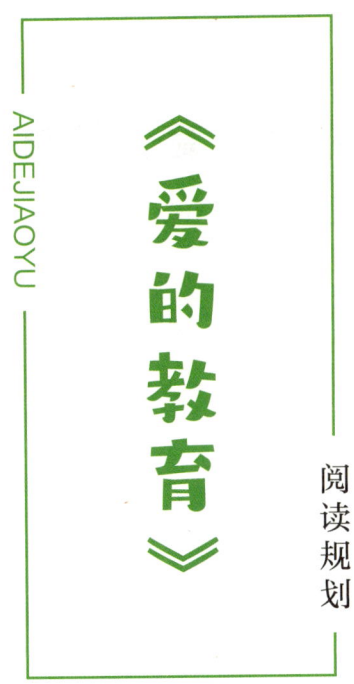

1 《爱的教育》整体悦读

● 学习重点
借助"四看"法，初步把握小说的主要内容。

● 以文育人
懂得尊重老师。

2 《爱的教育》专题速读

● 学习重点
学习从字里行间感受人物心情和个性的阅读方法。

● 以文育人
培养善良勇敢、积极向上的精神品质。

3 《爱的教育》定向精读

● 学习重点
梳理故事脉络，概括主要内容，感受故事之美。

● 以文育人
培养尊重父母、感恩父母的道德品质。

1 《爱的教育》整体悦读

雪仗

〔美国〕非马

随着一声欢呼

一个滚圆的雪球

琅琅向你

飞去

竟不偏不倚

落在你

含苞待放的

笑靥上

——《日有所诵 小学四年级》（广西师范大学出版社 2017 年版）

悦读导航 速读

1. 制作作者名片。

   姓名：_____
   国籍：_____
   代表作：_____

2. 《爱的教育》又叫《_____》，是一部_____体小说。

3. 认真看内容提要，概括小说的三个主要组成部分。

   （1）_____

   （2）_____

   （3）_____

4. 请从目录中找出下面三幅图片所对应的小标题。

 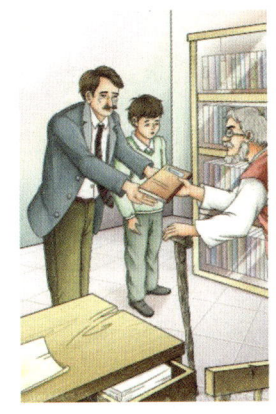 

_____ _____ _____

1. 默读以下文字,并回答问题。

弗兰谛悄悄地跟在斯代地兄妹的身后,为了寻衅闹事,他突然伸出手抓住了斯代地妹妹的辫子,差一点把她揪倒在地上。斯代地的妹妹疼得尖叫起来。弗兰谛仗着自己个子高大,心想:"今天一定要好好教训一下这小子!"

而斯代地却一点也没有示弱,他举起拳头不管不顾地冲弗兰谛砸过来。但是身材矮小的斯代地终究打不过弗兰谛,不但挨了弗兰谛几记拳头,还被打倒在地上。但是斯代地毫不示弱,马上又爬起来,扑过去。这时,大街上都是女孩,没人能把他们两个分开。不一会儿,斯代地的耳朵就被撕破了,眼睛也被打肿了,鼻子也流血了。可是,斯代地仍然不服输。

……

这时,弗兰谛就像被激怒的野兽一样更加疯狂起来,他一下子把斯代地绊倒在地,骑在他身上凶蛮地吼道:"你服不服?"

"不服!"斯代地毫不屈服。

终于,斯代地铆足了劲猛地一个翻身,把弗兰谛摁倒在地。

(1)这段文字主要描写了几个人物?他们分别是谁?

(2)请用不同颜色的笔,在文中圈出描写人物的动词。

(3)通过这段动作描写,简要分析人物形象。

2. 默读以下文字,并圈出描写人物动作的词或短语。

刚入学的一年级小朋友,有些不愿意到教室里去,像小驴一样倔强,被硬拉进去,接着又逃出来。有些看见父母离开,就大哭起来。家长们只能哄着他们,或者带回家去。弄得老师也没有办法。

这段文字中哪一个动词用得最好？好在哪里？

品味书香 品读

寻找文中精彩的动作描写。

原文：

此处的动作描写，通过＿＿＿＿＿＿＿＿＿＿＿＿等动作，写出了＿＿＿＿＿＿＿＿＿＿＿＿

我从中体会到＿＿＿＿＿＿＿＿＿＿＿＿

写读联动 创读

想一想让你记忆深刻的动作瞬间，试着描写这些动作吧。

他人之长：

我的收获：

第一天：

阅读第一章"十月"。新学期，父亲给安利柯留下一封信《我们的学校》，从中选择你喜欢的段落，读一读。（记得上传你朗读的音频哦！）

第二天：

阅读第二章"十一月"。在主人公这个月的十篇日记里，最打动你的是哪一篇？用一两句话，简要概括一下文章的主要内容。（记得上传你的答案哦！）

第三天：

阅读第三章"十二月"。在这一章中，哪几篇日记提到了卡洛斐？你喜欢卡洛斐吗？说说你的理由。（记得上传你的答案哦！）

第四天：

阅读第四章"一月"。试着用自己的语言讲一讲《勇敢的少年鼓手》这个故事，看谁讲得最感人。（记得上传你讲故事的视频哦！）

第五天：

阅读第五章"二月"。请你把《爱的教育》这本书推荐给父母，用音频记录下你的推荐理由。（记得上传你的音频哦！）

2 《爱的教育》专题速读

🔊 书声朗朗 朗读

菊

　　菊花盛开，清香四溢。其瓣如丝、如爪。其色或黄，或白，或赭，或红。种类最多。性耐寒，严霜既降，百花零落，惟菊独盛。

——《共和国教科书新国文（初小）》（天津古籍出版社2013年版）

 速读

1. 找一找，主人公分别在哪几篇日记里提到了卡隆？

2. 阅读《高尚的品格》，想一想：墨水瓶明明不是卡隆扔的，卡隆为什么要承认？由此看出卡隆具有什么样的品质？

3. 阅读好朋友卡隆的相关内容，结合具体情节，说说卡隆是个怎样的人？

情节一：

情节二：

情节三：

由此看出，卡隆是一个＿＿＿＿＿＿＿＿＿＿＿＿＿＿＿＿＿＿＿＿＿＿＿＿的人。

研读

1. 默读《嫉妒与羞愧》，边读边想，这篇日记主要讲述的是谁与谁之间发生的故事？你最喜欢谁？说说你的理由。

2.齐读下面这段文字,思考:此时的瓦梯尼是什么心情?由此看出他是一个什么样的人?

他只是铁青着脸,一动不动地坐在那里。之后,在老师讲课的时候,瓦梯尼在一张纸条上用大大的字写道:"我不嫉妒那个老师总是偏心的家伙。"

3.默读以下文字,注意体会人物的心情,并回答问题。

我看到瓦梯尼的脸涨得通红。这个时候,老师正好回来了,又重新开始上课。过了一会儿,瓦梯尼悄悄地取出那张自己写的小纸条,把它揉成一团,放进嘴里嚼碎了,接着又吐在桌子下面。

放学时,瓦梯尼经过代洛西座位的时候,不小心弄掉了一张吸墨纸。代洛西帮他拾起了吸墨纸,而且还帮他扣好了背带上的扣子。瓦梯尼羞愧得连头也抬不起来。

(1)瓦梯尼为什么把自己写的小纸条嚼碎了?

(2)瓦梯尼羞愧得连头也抬不起来,此刻他可能在想什么?

品读下面三个片段,回答问题。

片段一:

坐在我前面的是一个石匠的儿子,外号"小石匠"。他长着一张苹果似的圆脸,有个蒜头鼻子，特别爱做鬼脸。同学们都喜欢看他做鬼脸，他还能把帽子团成手绢那样，塞到口袋里。

片段二：

这时，我听见卡隆压低了声音对卡洛斐说："出去承认了吧！要是冤枉了别人，抓错了人，那就太卑鄙了！"

"可……可是，我……我不是故意的啊！"卡洛斐哆哆嗦嗦地抖得更厉害了。

"但是，你应该勇敢地去承认错误啊！"卡隆又劝说道。

"我……我不敢去！"

"拿出你的勇气来吧！我陪着你一起去！"

片段三：

一天夜里，叙利奥等到父亲走进了卧室以后，就蹑手蹑脚地走到小工作间里，点上煤油灯，开始模仿着父亲的笔体，悄悄地抄写起来，虽然有点害怕，但他心里又感到很快活。叙利奥越写越兴奋，条子也越积越多了，偶尔，他会放下钢笔，竖起耳朵听听动静，确定没被发现就继续兴致勃勃地写下去！啊！已经写了160张了！可以赚回一个里拉了！

1. 品读上面三个片段，说说分别运用了哪些人物描写的方法？

2. 请你再去文中找一段人物描写，摘抄下来，并说说这段文字运用了哪种人物描写的方法。

原文：

描写方法：

请你从书中众多的人物中,选一个令你印象最深的,为他制作一幅思维导图。

他人之长:

我的收获:

第一天:

阅读第六章"三月"。这个月发生了许多不幸的事情,哪一件事最令你感动?选择最打动你的片段,充满感情地读一读。(记得上传你朗读的音频哦!)

第二天：

阅读第七章"四月"。"父亲的老师"一文中的哪些细节可以看出老师对学生浓浓的爱，请你在文中画出相关语句。（记得拍照上传哦！）

第三天：

阅读第八章"五月"。安利柯的姐姐雪尔维亚做出了一个重要的决定，这个决定是什么？由此看出她是一个什么样的人？（记得上传你的答案哦！）

第四天：

阅读第九章"六月"，并观看《爱的教育》动画片第11集《海滩》。这集动画片是根据哪一篇故事改编的？看完谈谈你的感想。（记得上传你的感想哦！）

第五天：

阅读第十章"七月"。如果你是安利柯，在分别的时候，你最舍不得谁？请你写一封信和他告别吧！（记得上传你的书信哦！）

3 《爱的教育》定向精读

如果白昼落进……

〔智利〕聂鲁达

每个白昼

都要落进黑沉沉的夜

像有那么一口井

锁住了光明

必须坐在

黑洞洞的井口

要很有耐心

打捞掉落下去的光明

——《日有所诵 小学四年级》（广西师范大学出版社 2017 年版）

请将下面的思维导图补充完整。

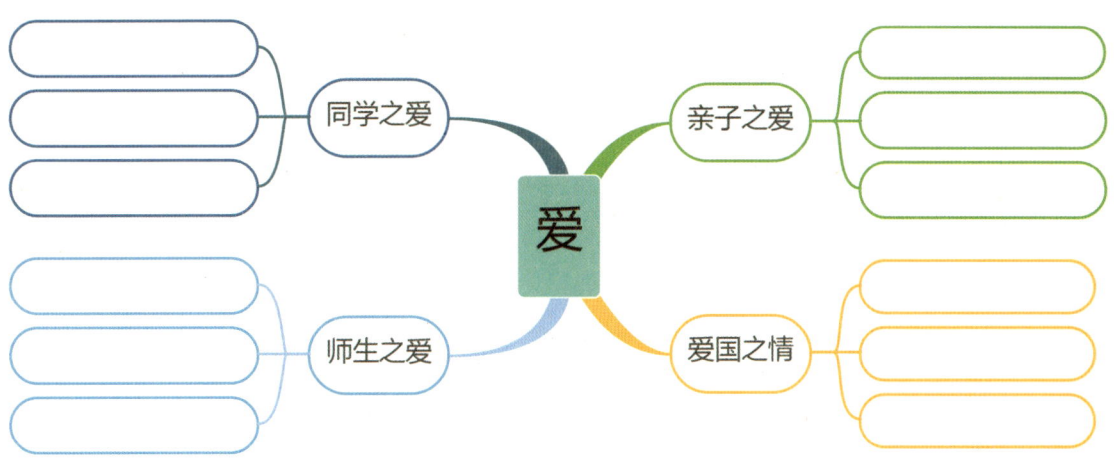

1. 默读《小抄写员》，用简洁的语言概括文章内容。

第一部分	1—5自然段	
第二部分	6—25自然段	
第三部分	26—37自然段	

2. 走进故事，梳理脉络。

（1）默读1—5自然段，回答：叙利奥是在什么情况下帮助父亲工作的？

（2）默读6—25自然段，边读边思考：叙利奥在偷抄签条的过程中，受到了父亲的三次责骂。每次责骂，他的心理都发生了哪些变化？

第一次：

第二次：

第三次：_____

（3）默读 26—37 自然段，说一说，事情的结果是什么？

_____

_____

（4）梳理故事的整体脉络。

_____

_____

精读文本，品味父母的爱。

安利柯，在你弟弟的老师来访的时候，你对你的母亲是多么不礼貌啊！这种错误千万不要再犯了！你说的那些不礼貌的话，使我非常痛心！我想起了你母亲为你做的一切！

记得几年前，你生重病的时候，你母亲天天守在你的身边，生怕失去你！那个时候她是多么悲痛啊，简直都快要发疯了！可你，却总是让她伤心！她愿意用一年的辛苦，换取你片刻的快乐；她为了你，可以去乞讨，甚至放弃自己的生命。她就是这样的一位好母亲！

（1）父亲为什么要给主人公留下这封信？

_____

_____

（2）你认为主人公的母亲爱他吗？从哪里看出来的？

_____

_____

（3）如果你是主人公，今后你打算怎么做？

拿起自己的笔，根据视频的内容，联系实际，写一小段简单的读后感吧！

他人之长：

我的收获：

请为《爱的教育》设计一个图文并茂的封面。（记得上传你的作品哦！）

图书在版编目（CIP）数据

水悦读　阅名著. 中级. 上册, 河 / 巩向良主编. — 青岛 : 中国海洋大学出版社, 2021.8
ISBN 978-7-5670-2876-0

Ⅰ. ①水… Ⅱ. ①巩… Ⅲ. ①阅读课—小学—教学参考资料 Ⅳ. ①G624.233

中国版本图书馆CIP数据核字(2021)第161205号

出版发行	中国海洋大学出版社
社　　址	青岛市香港东路23号　邮政编码　266071
出 版 人	杨立敏
网　　址	http://pub.ouc.edu.cn
订购电话	0532-82032573（传真）
责任编辑	董　超
照　　排	青岛光合时代文化传媒有限公司
印　　制	青岛北琪精密制造有限公司
版　　次	2021年8月第1版
印　　次	2021年8月第1次印刷
成品尺寸	185 mm×260 mm
印　　张	6.75
印　　数	1~10000
字　　数	46千
定　　价	120.00元（全两册）

如发现印装质量问题，请致电13864837986，由印刷厂负责调换。